Fast Talk

Thai

Contents

Before You Go 4

Chatting & Basics 9

Essentials	9	Interests	18
Pronunciation	10	Feelings	19
Language Difficulties	12	Numbers	19
Greetings	13	Time	20
Titles	13	Days	21
Introductions	14	Months	22
Personal Details	15	Dates	22
Age	16	Weather	23
Occupations & Study	17	Directions	24

Airports & Transport 26

At the Airport	26	Bus & Train	29
Getting Around	27	Taxi	31
Buying Tickets	28	Car & Motorbike	33
Luggage	29	Cycling	33

Accommodation 34

Finding Accommodation	34	Complaints	37
Booking & Checking In	35	Checking Out	38
Requests & Questions	36		

Eating & Drinking 40

Meals	40	Alcoholic Drinks	45
Finding a Place to Eat	41	In the Bar	46
Ordering & Paying	43	Buying Food	47
Special Diets & Allergies	44	Menu Decoder	48
Non-alcoholic Drinks	45		

Sightseeing 54

Planning	54	Galleries & Museums	56
Questions	55	Tours	57
Getting In	55		

Shopping 59

Looking For ...	59	Clothes & Shoes	62
In the Shop	60	Books & Reading	62
Paying & Bargaining	61	Music & DVDs	63

Entertainment 64

| Going Out | 64 | Meeting Up | 66 |

Practicalities 67

Banking	67	Police	72
Phone/Mobile Phone	68	Health	73
Internet	69	Symptoms, Conditions &	
Emergencies	70	Allergies	74

Dictionaries 75

| English to Thai Dictionary | 75 | Thai to English Dictionary | 83 |

≡ Special Features

5 **Phrases**
To Learn Before You Go ... 6

10 **Phrases**
To Sound Like a Local 7

10 **Phrases**
To Start a Sentence 8

10 **Phrases**
To Get You Talking 96

Before You Go

Cradled between Cambodia, Laos, Malaysia, and Myanmar, the Kingdom of Thailand is something of a Tower of Babel, with numerous dialects spoken. What's known as Standard Thai is actually a dialect spoken in Bangkok and the surrounding provinces. It's the official language of administration, education and the media, and most Thais understand it even if they speak another dialect. All the words and phrases in this book are translated into Standard Thai.

PRONUNCIATION TIPS

Just about all of the sounds in Thai exist in English. While some people may find it difficult to pronounce Thai words, persistence is the key. Locals will appreciate your efforts and often help you along.

★ Most consonants in our phonetic system are pronounced the same as in English but Thai does has a few tricky consonants. Watch out for the Þ sound which is halfway between a 'b' and a 'p', and the đ sound which is halfway between a 'd' and a 't'.

★ In this book we have used hyphens to separate syllables

from each another. So the word ang-grìt (English) is made up of two distinct syllables ang and grìt. In some words we have divided the syllables further with a dot · in order to help you separate vowel sounds and avoid mispronunciation. So the word kĕe·an is actually pronounced as one syllable with two separate vowel sounds.

MUST-KNOW GRAMMAR

★ The pronoun 'I' will change depending on the gender of the speaker – so a man will refer to himself as pŏm ผม (I, me) while a

4

woman will refer to herself as dì-chăn ดิฉัน (I, me). When being polite to others, it's customary to add the word kráp ครับ (if you're a man) or kâ ค่ะ (if you're a woman) as a kind of a 'softener' to the end of questions and statements.

★ Often you'll see the symbol m/f in this book which stands for male/female. Whenever a sentence is marked with m/f you have to make a choice between pŏm and dì-chăn or kráp and kâ depending on your gender.

PLUNGE IN!

Don't be discouraged if Thai seems difficult at first – this is only because we aren't used to pronouncing certain Thai sounds the way we do in English. Speak slowly and follow the coloured phonetic guides next to each phrase. If you absolutely can't make yourself understood, simply point to the Thai phrase and show it to the person you're speaking to. The most important thing is to laugh at your mistakes and keep trying.

Fast Talk Thai

Don't worry if you've never learnt Thai (ภาษาไทย pah-săh tai) before – it's all about confidence. You don't need to memorise endless grammatical details or long lists of vocabulary – you just need to start speaking. You have nothing to lose and everything to gain when the locals hear you making an effort. And remember that body language and a sense of humour have a role to play in every culture.

"you just need to start speaking"

Even if you use the very basics, such as greetings and civilities, your travel experience will be the better for it. Once you start, you'll be amazed how many prompts you'll get to help you build on those first words. You'll hear people speaking, pick up sounds and expressions from the locals, catch a word or two that you know from TV already, see something on a billboard – all these things help to build your understanding.

5. Phrases to Learn Before You Go

1. Have you eaten?
กินข้าวหรือยัง

gin kôw rĕu yang

In Thailand instead of asking 'What are you up to?', it's customary to ask 'Have you eaten?'.

2. Please take off your shoes.
กรุณาถอดรองเท้า

gà-rú-nah tòrt rorng tów

Shoes are always removed when entering a house and this also applies to religious buildings.

3. Can you recommend a local speciality?
แนะนำอาหารรสเด็ดๆของแถวนี้ได้ไหม

náa-nam ah-hăhn rót dèt dèt kŏrng tăa·ou née dâi măi

Thailand's seemingly endless variety of local dishes is a major draw for visitors

4. Can you lower the price?
ลดราคาได้ไหม

lót rah-kah dâi măi

Bargaining is common in street markets and some small shops.

5. How do you say ...?
... ว่าอย่างไร

... wâh yàhng rai

If in doubt about a word or phrase, just ask.

10. Phrases to Sound Like a Local

Hey!	เฮ้ย	hêr·i
Great!	ยอด	yôrt
Sure.	แน่นอน	nâa norn
Maybe.	บางที	bahng tee
No way!	ไม่มีทาง	mâi mee tahng
Just a minute.	เดี๋ยวก่อน	dĕe·o gòrn
It's OK.	ไม่เป็นไร	mâi ƀen rai
No problem.	ไม่มีปัญหา	mâi mee ƀan-hăh
Oh, no!	ตายแล้ว	đai láa·ou
Oh my god!	คุณพระช่วย	kun prá chôo·ay

10. Phrases to Start a Sentence

When's (the next bus)?	(รถเมล์คันต่อไป) มาเมื่อไร (rót mair kan đòr ɓai) mah mêu·a rai
Where's (the market)?	(ตลาด) อยู่ที่ไหน (đà-làht) yòo têe năi
How much is it (per night)?	(คืนละ) เท่าไร (keun lá) tôw-rai
Could I have (the key), please?	ขอ (กุญแจห้อง) หน่อย kŏr (gun-jaa hôrng) nòy
I'd like to buy (an adaptor plug).	อยากจะซื้อ (ปลั๊กต่อ) yàhk jà séu (ɓlák đòr)
I'd like (the menu), please.	ขอ (รายการอาหาร) หน่อย kŏr (rai gahn ah-hăhn) nòy
Can I take a photo (of you)?	ถ่ายรูป (คุณ) ได้ไหม tài rôop (kun) dâi măi
I need a (bottle opener).	ต้องการ(เครื่องเปิดขวด) đôrng gahn (krêu·ang ɓèut kòo·at)
I'm going to (Ayuthaya).	ผม/ดิฉันกำลังไป (อยุธยา) pŏm/dì-chăn gam-lang ɓai (à-yút-tá-yah)
I like dancing.	ผม/ดิฉันชอบ(เต้นรำ) pŏm/dì-chăn chôrp (đên ram) **m/f**

Chatting & Basics

⇒ Fast Phrases

Hello.	สวัสดี sà-wàt-dee
Goodbye.	ลาก่อน lah gòrn
Do you speak English?	คุณพูดภาษาอังกฤษได้ไหม kun pôot pah-săh ang-grìt dâi măi

Essentials

Yes.	ใช่ châi
No.	ไม่ mâi
Please.	ขอ kŏr
Thank you (very much).	ขอบคุณ(มาก ๆ) kòrp kun (mâhk mâhk)
You're welcome.	ยินดี yin dee
Excuse me. (to get attention)	ขอโทษ kŏr tôht

Fast Talk

Pronunciation

Just about all of the sounds in Thai exist in English. While some people may find it difficult to pronounce Thai words, persistence is the key. Locals will appreciate your efforts and often help you along. Smile, point and try again. You'll be surprised how much sense you can convey with just a few useful words

Vowel sounds

Symbol	English equivalent	Example
a	run	bàt
aa	bad	gàa
ah	father	gah
ai	aisle	jài
air	flair	wair-lah
e	bed	฿en
i	bit	฿ìt
ee	see	฿ee
eu	her or french bleu	beu
ew	new with rounded lips	néw
o	hot	bòt
oh	note	đoh
or	for	pôr
u	put	sùk
oo	moon	kôo
ou	o plus u, similar to the the o in old	láa·ou
ow	cow	bow
oy	boy	soy

Tones

If you listen to someone speaking Thai you'll notice that some vowels are pronounced at a high or low pitch while others swoop or glide in a sing-song manner. This is because Thai uses a system of carefully pitched tones to make distinctions between words. There are five distinct tones in Thai: mid, low, falling, high and rising. The accent marks above the vowel remind you which to use. The mid tone has no accent.

Consonant Sounds

Symbol	English equivalant	Example
b	**b**ig	bòr
Ъ	ri**b-p**unch	Ъlah
ch	**ch**art	chìng
d	**d**og	dèk
đ	har**d-t**imes	đòw
f	**f**ull	făh
g	**g**et	gài
h	**h**at	hèep
j	**j**unk	jahn
k	**k**ite	kài
l	**l**ike	ling
m	**m**at	máh
n	**n**ut	nŏo
ng	si**ng**	ngoo
p	**p**ush	pahn
r	**r**at	reu·a
s	**s**it	săh-lah
t	**t**ap	tów
w	**w**atch	wat
y	**y**es	yàhk

CHATTING & BASICS

Excuse me. (to get past)	ขออภัย kŏr à-pai
Sorry.	ขอโทษ kŏr tôht

Language Difficulties

Do you speak English?	คุณพูดภาษาอังกฤษได้ไหม kun pôot pah-săh ang-grìt dâi măi
Does anyone speak English?	มีใครพูดภาษาอังกฤษได้บ้างไหม mee krai pôot pah-săh ang-grìt dâi bâhng măi
Do you understand?	คุณเข้าใจไหม kun kôw jai măi
Yes, I do.	ครับ/ค่ะเข้าใจ kráp/kâ, kôw jai **m/f**
No, I don't.	ไม่เข้าใจ mâi kôw jai
I speak a little.	พูดได้นิดหน่อย pôot dâi nít nòy

PHRASE BUILDER

Could you please ...?	...ได้ไหม	... dâi măi
repeat that	พูดอีกที	pôot èek tee
speak more slowly	พูดช้าๆ	pôot cháa cháa
write it down	เขียนลงให้	kĕe·an long hâi

PHRASE BUILDER

How do you ...?	...อย่างไร	... yàhng rai
pronounce this	ออกเสียง	òrk sĕe·ang
write 'Saraburi'	เขียนสระบุรี	kĕe·an sà-rà-bù-ree

Greetings

Hi.	หวัสดี wàt-dee
Good day.	สวัสดี sà-wàt-dee
Good night.	ราตรีสวัสดิ์ rah-đree sà-wàt
See you later.	เดี๋ยวพบกันใหม่ dĕe·o póp gan mài
Goodbye.	ลาก่อน lah gòrn
How are you?	สบายดีไหม sà-bai dee măi
Fine. And you?	สบายดี ครับ/ค่ะ แล้วคุณล่ะ sà-bai dee kráp/kâ, láa·ou kun lâ **m/f**

Titles

Mr	นาย nai
Ms/Mrs	นาง nahng
Miss	นางสาว nahng sŏw

Fast Talk

Starting Off

When starting to speak another language, your biggest hurdle is saying aloud what may seem to be just a bunch of sounds. The best way to do this is to memorise a few key words, like 'hello', 'thank you' and 'how much?', plus at least one phrase that's not essential, eg 'how are you', 'see you later' or 'it's very cold/hot' (people love to talk about the weather!). This will enable you to make contact with the locals, and when you get a reply and a smile, it'll also boost your confidence.

Introductions

What's your name?	คุณชื่ออะไร kun chêu à-rai
My name is ...	ผม/ดิฉัน ชื่อ ... pŏm/dì-chăn chêu ... **m/f**

PHRASE BUILDER

This is my ...	นี่คือ ... ของ ผม/ดิฉัน	nêe keu ... kŏrng pŏm/dì-chăn **m/f**
child	ลูก	lôok
colleague	เพื่อนงาน	pêu·an ngahn
friend	เพื่อน	pêu·an
husband	ผัว	pŏo·a
partner (intimate)	แฟน	faan
wife	เมีย	mee·a

I'd like to introduce you to ...	นี่คือ ... nêe keu ...	
I'm pleased to meet you.	ยินดีที่ได้รู้จัก yin-dee têe dâi róo jàk	
Here's my ...	นี่คือ ... ของผม/ดิฉัน nêe keu ... kŏrng pŏm/ dì-chăn **m/f**	

PHRASE BUILDER

What's your ...?	... ของคุณคืออะไร	... kŏrng kun keu à-rai
address	ที่อยู่	têe yòo
email address	ที่อยู่อีเมล	têe yòo ee-men
phone number	เบอร์โทรศัพท์	beu toh-rá-sàp

Personal Details

Where are you from?	คุณมาจากไหน kun mah jàhk năi

PHRASE BUILDER

I'm from ...	ผม/ดิฉัน มาจากประเทศ	pŏm/dì-chăn mah jàhk ƀrà-têt ... **m/f**
Australia	ออสเตรเลีย	or-sà-đrair-lee·a
Canada	แคนาดา	kaa-nah-dah
New Zealand	ประเทศนิวซีแลนด์	prà-têt new see-laan
the UK	อังกฤษ	ang-krìt
the USA	สหรัฐอเมริกา	sà-hà-rát à-mair-rí-gah

wâi me?

Although Western codes of behaviour are becoming more familiar in Thailand, the country still has its own proud traditions. One of these is the wâi ไหว้, the prayer-like gesture of hands held together in front of the chin, which is used in everyday interactions. The wâi is generally used in situations where Westerners would shake hands. Thus you would wâi when meeting a person for the first time, and also when meeting a person after an absence, or for the first time for that day. A wâi is always called for when meeting a person older than you or with a respected social position. Usually the younger person is expected to wâi first.

I'm married	ผม/ดิฉันแต่งงานแล้ว pŏm/dì-chăn đàang ngahn láa·ou
I'm not married	ผม/ดิฉันยังไม่แต่งงาน pŏm/dì-chăn yang mâi đàang ngahn
I'm separated	ผม/ดิฉันหย่ากันแล้ว pŏm/dì-chăn yàh gan láa·ou
I'm single	ผม/ดิฉันเป็นโสดอยู่ pŏm/dì-chăn ɓen sòht yòo

Age

How old are you?	คุณ อายุเท่าไร kun ah-yú tôw-rai
I'm ... years old.	ฉันอายุ ... ปี chăn ah-yú ... ɓee

How old is your daughter?	ลูกสาวของคุณอายุเท่าไร lôok sŏw kŏrng kun ah-yú tôw-rai
How old is your son?	ลูกชายขอ็คุณอายุเท่าไร lôok chai kŏrng kun ah-yú tôw-rai
He/She is ... years old.	เขาอายุ ... ปี kŏw ah-yú ... bee

Occupations & Study

What's your occupation?	คุณมีอาชีพอะไร kun mee ah-chêep à-rai
I work in (administration)	ฉันทำงานทางด้าน(บริหาร) chăn tam ngahn tahng dâhn (bor-rí-hărn)
I'm retired	ฉันปลดเกษียณแล้ว chăn blòt gà-sĕe·an láa·ou
I'm unemployed	ฉันว่างงาน chăn wâhng ngahn

PHRASE BUILDER

I'm a ...	ฉันเป็น ...	chăn ben ...
civil servant	ข้าราชการ	kâh râht-chá-gahn
farmer	ชาวไร่	chow râi
journalist	นักข่าว	nák kòw
teacher	ครู	kroo

What are you studying?	คุณกำลังเรียนอะไรอยู่ kun gam-lang ree·an à-rai yòo	

PHRASE BUILDER

I'm studying ...	ผม/ดิฉันกำลังเรียน ...	pŏm/dì-chăn gam-lang ree·an ... m/f
humanities	มนุษยศาสตร	má-nút-sà-yá-sàht
science	วิทยาศาสตร์	wít-tá-yah-sàht
Thai	ภาษาไทย	pah-săh tai

Interests

What do you do in your spare time?	คุณทำอะไรเวลาว่าง kun tam à-rai wair-lah wâhng
Do you like ...?	ชอบ ... ไหม chôrp ... măi

PHRASE BUILDER

I (don't) like ...	ผม/ดิฉัน (ไม่) ชอบ ...	pŏm/dì-chăn (mâi) chôrp ... m/f
cooking	ทำอาหาร	tam ah-hăhn
dancing	เต้นรำ	đên ram
music	ดนตรี	don-đree
socialising	การสังคม	gahn săng-kom
travelling	การท่องเที่ยว	gahn tôrng têe·o
watching TV	ดูโทรทัศน	doo toh-rá-tát

Feelings

Are you ...?	คุณ ... ไหม	kun ... măi

PHRASE BUILDER

I'm (not) ...	ผม/ดิฉัน (ไม่)	pŏm/dì-chăn (mâi) ... **m/f**
cold	หนาว	nŏw
happy	ดีใจ	dee jai
hungry	หิว	hĕw
in a hurry	รีบร้อน	rêep rórn
sad	เศร้า	sôw
thirsty	หิวน้ำ	hĕw nám
tired	เหนื่อย	nèu·ay

Numbers

1	หนึ่ง	nèung
2	สอง	sŏrng
3	สาม	săhm
4	สี่	sèe
5	ห้า	hâh
6	หก	hòk
7	เจ็ด	jèt
8	แปด	Ƅàat
9	เก้า	gôw
10	สิบ	sìp

11	สิบเอ็ด	sìp-èt
12	สิบสอง	sìp-sŏrng
13	สิบสาม	sìp-săhm
14	สิบสี่	sìp-sèe
15	สิบห้า	sìp-hâh
16	สิบหก	sìp-hòk
17	สิบเจ็ด	sìp-jèt
18	สิบแปด	sìp-ɓàat
19	สิบเก้า	sìp-gôw
20	ยี่สิบ	yêe-sìp
21	ยี่สิบเอ็ด	yêe-sìp-èt
30	สามสิบ	săhm-sìp
40	สี่สิบ	sèe-sìp
50	ห้าสิบ	hâh-sìp
100	หนึ่งร้อย	nèung róy
1,000	หนึ่งพัน	nèung pan
1,000,000	หนึ่งล้าน	nèung láhn

Time

What time is it?	กี่โมงแล้ว gèe mohng láa·ou
12 midnight	หกทุ่ม/เที่ยงคืน hòk tûm/têe·ang keun
12 noon	เที่ยง têe·ang

Fast Talk

Thai Time

In Thailand you may hear a person who arrives late for an appointment joke about being on 'Thai time' as punctuality is generally a more fluid concept than some Westerners are used to. But there is a specifically Thai way of telling the time which you'll need to learn if you want to avoid being late yourself.

The day is broken up into four periods. From midnight to six in the morning times begin with the word đèe ตี (strike), from six in the morning until midday they end with the word chów เช้า (morning), from midday to six in the evening they begin with the word bai บ่าย (afternoon) and from six in the evening until midnight they end with the word tûm ทุ่ม (thump).

Days

Monday	วันจันทร์ wan jan
Tuesday	วันอังคาร wan ang-kahn
Wednesday	วันพุธ wan pút
Thursday	วันพฤหัสบดี wan pá-réu-hàt
Friday	วันศุกร์ wan sùk
Saturday	วันเสาร์ wan sŏw
Sunday	วันอาทิตย์ wan ah-tít

Months

January	เดือนมกราคม deu·an má-gà-rah-kom
February	เดือนกุมภาพันธ์ deu·an gum-pah-pan
March	เดือนมีนาคม deu·an mee-nah-kom
April	เดือนเมษายน deu·an mair-săh-yon
May	เดือนพฤษภาคม deu·an préut-sà-pah-kom
June	เดือนมิถุนายน deu·an mí-tù-nah-yon
July	เดือนกรกฎาคม deu·an gà-rák-gà-dah-kom
August	เดือนสิงหาคม deu·an sĭng-hăh-kom
September	เดือนกันยายน deu·an gan-yah-yon
October	เดือนตุลาคม deu·an đù-lah-kom
November	เดือนพฤศจิกายน deu·an préut-sà-jì-gah-yon
December	เดือนธันวาคม deu·an tan-wah-kom

Dates

What date is it today?	วันนี้วันที่เท่าไร wan née wan têe tôw-rai

PHRASE BUILDER

last ...	...ที่แล้ว	... tee láa·ou
month	เดือน	deu·an
week	อาทิตย์	ah-tít
year	ปี	bee

It's (27 September).	วันที่(ยี่สิบเจ็ดเดือนกันยายน) wan têe (yêe-sìp-jèt deu·an gan-yah-yŏn)
last night	เมื่อคืนนี้ mêu·a keun née
next ...	...หน้า ... nâh

PHRASE BUILDER

yesterday ...	...เมื่อวาน	... mêu·a wahn
afternoon	บ่าย	bài
evening	เย็น	yen
morning	เช้า	chów

Weather

What's the weather like?	อากาศเป็นอย่างไร ah-gàht ben yàhng rai?
What will the weather be like tomorrow?	พรุ่งนี้อากาศจะเป็นอย่างไร prûng-née ah-gàht jà ben yàhng rai?

23

PHRASE BUILDER

It's ...	มัน...	man ...
cold	หนาว	nŏw
flooding	กำลังน้ำท่วม	gam-lang nám tôo·am
hot	ร้อน	rórn
raining	มีฝน	mee fŏn
sunny	แดดจ้า	dàat jâh
warm	อุ่น	ùn
windy	มีลม	mee lom

Directions

Where's (the tourist office)?	(สำนักงานท่องเที่ยว) อยู่ที่ไหน (săm-nák ngahn tôrng têe·o) yòo têe năi
Which way is ...?	...อยู่ทางไหน ... yòo tahng năi

PHRASE BUILDER

It's ...	อยู่ ...	yòo ...
behind ...	ที่หลัง ...	têe lăng ...
in front of ...	ตรงหน้า ...	đrong nâh ...
near ...	ใกล้ ๆ ...	glâi glâi ...
next to ...	ข้าง ๆ ...	kâhng kâhng ...
opposite	ตรงกันข้าม ...	đrong gan kâhm ...
straight ahead	ตรงไป	đrong bai

How far is it?	อยู่ไกลเท่าไร yòo glai tôw-rai?
Could you please write it down?	เขียนลงให้ได้ไหม kĕe·an long hâi dâi măi?
Can you show me (on the map)?	ให้ดูในแผนที่ได้ไหม hâi doo (nai păan têe) dâi măi?
What's the address?	ที่อยู่คืออะไร têe yòo keu à-rai?

PHRASE BUILDER

Turn ...	เลี้ยว...	lée·o ...
at the corner	ตรงหัวมุม	đrong hŏo·a mum
left	ซ้าย	sái
right	ขวา	kwăh

north	ทิศเหนือ tít nĕu·a
south	ทิศใต้ tít đâi
east	ทิศตะวันออก tít đà-wan òrk
west	ทิศตะวันตก tít đà-wan đòk

Airports & Transport

Fast Phrases

When's the next bus?	รถเมล์คันต่อไปมาเมื่อไร rót mair kan đòr bai mah mêu·a rai
Does this (train) stop at ...?	(รถไฟ) นี้จอดที่...ไหม (rót fai) née jòrt têe...măi
One ticket to ..., please.	ขอตั๋วไป...หนึ่งตั๋ว kor đoo·a bai...neung đoo·a

At the Airport

I'm on business.	ผม/ดิฉัน มาธุระ pŏm/dì-chăn mah tú-rá **m/f**
I'm on holiday.	ผม/ดิฉัน มาพักผ่อน pŏm/dì-chăn mah pák pòrn **m/f**

PHRASE BUILDER

I'm here for ...	ผม/ดิฉัน มาพักที่นี้ ...	pŏm/dì-chăn mah pák têe née ... **m/f**
(10) days	(สิบ) วัน	(sìp) wan
(two) months	(สอง) เดือน	(sŏrng) deu·an

LISTEN FOR

ศุลกากร	sŭn-lá-gah-gorn	**Customs**
ปลอดภาษี	Ƀlòrt pah-sěe	**Duty-Free**
กองตรวจคนเข้าเมือง	gorng đròo·at kon kôw meu·ang	**Immigration**
ด่านตรวจหนังสือเดินทาง	dàhn đròo·at năng- sěu deun tahng	**Passport Control**

I have nothing to declare.	ไม่มีอะไรที่จะแจ้ง mâi mee à-rai têe jà jâang
I have something to declare.	มีอะไรที่จะต้องแจ้ง mee à-rai têe jà đôrng jâang
Do you have this form in (English)?	มีแบบฟอร์ม เป็นภาษาอังกฤษไหม mee bàap form Ƀen pahsăh ang-grìt măi

Getting Around

What time does it leave?	ออกกี่โมง òrk gèe mohng

PHRASE BUILDER

When's the ... bus?	รถเมล์ คัน ...มาเมื่อไร	rót mair kan ... mah mêu·a rai
first	แรก	râak
last	สุดท้าย	sùt tái
next	ต่อไป	đòr Ƀai

How long does the trip take?	การเดินทางใช้เวลานานเท่าไร gahn dern tahng chái wair·lah nahn tôw rai	
Is it a direct route?	เป็นทางตรงไหม Ƀen tahng đrong măi	

Buying Tickets

Where do I buy a ticket?	ต้องซื้อตั๋วที่ไหน đôrng séu đŏo·a têe năi

PHRASE BUILDER

Can I have a ... ticket (to Chiang Mai)?	ขอตั๋ว ... ไป (เชียงใหม่)	kŏr đŏo·a ... Ƀai (chee·ang mài)
1st-class	ชั้นหนึ่ง	chán nèung
2nd-class	ชั้นสอง	chán sŏrng
child's	สำหรับเด็ก	săm-ràp dèk
one-way	เที่ยวเดียว	têe·o dee·o
return	ไปกลับ	Ƀai glàp
student's	สำหรับนักศึกษา	săm-ràp nák sèuk-săh

Do I need to book?	ต้องจองล่วงหน้าหรือเปล่า đôrng jorng lôo·ang nâh rĕu Ƀlòw
What time should I check in?	จะต้องมากี่โมง jà đôrng mah gèe mohng

AIRPORTS & TRANSPORT

PHRASE BUILDER

I'd like a/an ... seat.	ต้องการที่นั่ง ...	đôrng gahn têe nâng ...
aisle	ติดทางเดิน	đìt tahng deun
nonsmoking	ในเขตห้ามสูบบุหรี่	nai kèt hâhm sòop bù-rèe
window	ติดหน้าต่าง	đìt nâh đàhng

Luggage

I'd like a luggage locker.
ต้องการตู้เก็บสัมภาระ
đôrng gahn đôo gèp săm-pah-rá

Can I have some coins/tokens?
ขอเหรียนหน่อย
kŏr rĕe·an nòy

PHRASE BUILDER

My luggage has been ...	กระเป๋าของผม/ดิฉันโดน ... แล้ว	grà-bŏw kŏrng pŏm/dì-chăn dohn ... láa·ou **m/f**
damaged	เสียหาย	sĕe·a hăi
lost	หายไป	hăi bai
stolen	ขโมย	kà-moy

Bus & Train

I'd like to get off at (Saraburi).
ขอลงที่ (สระบุรี) ครับ/ค่ะ
kŏr long têe (sà-rà-bù-ree) kráp/kâ **m/f**

Excuse me, is this seat free?	ขอโทษ ครับ/ค่ะ ที่นั่งนี้ว่างไหม kŏr tôht kráp/kâ têe nâng née wâhng măi **m/f**
That's my seat.	นั่นที่นั่งของ ผม/ดิฉัน nân têe nâng kŏrng pŏm/dì-chăn **m/f**
Please tell me when we get to (Chiang Mai).	เมื่อถึง (เชียงใหม่) กรุณาบอกด้วย mêu·a tĕung (chee·ang mài) gà-rú-nah bòrk dôo·ay
Where's the bus stop?	ที่จอดรถเมล์อยู่ที่ไหน têe jòrt rót mair yòo têe năi
Which bus/songthaew goes to (Ayuthaya)?	รถเมล์/สองแถว คันไหนไป (อยุธยา) rót mair/sŏrng-tăa·ou kan năi ɓai (à-yút-tá-yah)

PHRASE BUILDER

Is this the ... to (Chiang Mai)?	อันนี้เป็น ... ไป (เชียงใหม่) ใช่ไหม	an née ɓen ... ɓai (chee·ang mài) châi măi
boat	เรือ	reu·a
bus	รถเมล	rót mair
train	รถไฟ	rót fai

What station is this?	ที่นี้สถานีไหน têe née sà-tăh-nee năi
What's the next station?	สถานีต่อไปคือสถานีไหน sà-tăh-nee đòr ɓai keu sà-tăh-nee năi

Fast Talk

Taxi, samlor & túk-túk

A fun way to travel short distances in Thailand is by *samlor* (săhm lór สามล้อ) which are three-wheeled bicycle-rickshaws powered by an energetic chauffeur. In city districts that are too congested or chaotic for a săhm lór get a ride with a morđeu-sai ráp jâhng มอเตอร์ไซค์รับจ้าง or motorcyle taxi. Almost emblematic of Thailand's cities is the *túk-túk* (đúk đúk ตุ๊กๆ), a name suggestive of the sound these three-wheeled taxis make as they buzz through the traffic. Bargain hard for all of these transport options, but be sure to offer a tip to any *samlor* driver who works up a worthy sweat.

Does it stop at (Kaeng Koi)?	จอดอยู่ที่ (แก่งคอย) ไหม jòrt yòo têe (gàang koy) măi
Do I need to change?	ต้องเปลี่ยนรถไหม đôrng plèe·an rót măi
How many stops to (the museum)?	จอดกี่ป้ายจึงจะถึง(พิพิธภัณฑ์) jòrt gèe bâi jeung jà tĕung (pí-pít-tá-pan)

Taxi

Where's the taxi stand?	ที่ขึ้นรถแท็กซี่อยู่ที่ไหน têe kêun rót táak-sêe yòo têe năi

PHRASE BUILDER

I'd like a taxi ...	ต้องการรถแท็กซี่ ...	đôrng gahn rót-táak sêe ...
at (9am)	เมื่อ (สามโมงเช้า)	mêu·a (săhm mohng chów)
tomorrow	พรุ่งนี้	prûng née

AIRPORTS & TRANSPORT

PHRASE BUILDER

Please ...	ขอ ...	kŏr ...
slow down	ให้ช้าลง	hâi cháh long
stop here	หยุดตรงนี้	yùt đrong née
wait here	คอยอยู่ที่นี้	koy yòo têe née

Is this ... free?	... อันนี้ฟรีหรือเปล่า ... an née free rĕu Ƀlòw
How much is it to ...?	ไป ... เท่าไร pai ... tôw-rai
Please take me to (this address).	ขอพาไป (ที่นี้) kŏr pah Ƀai (têe née)
Please put the meter on.	ขอเปิดมิเตอร์ด้วย kŏr Ƀèut mí-đeu dôo·ay

Local Knowledge

Body Language

In Thailand it's important to be aware of your body. Close physical proximity, except in special circumstances such as a crowded Bangkok bus, can be discomforting to Thai people. Thus, you should avoid standing over people or encroaching too much on their personal space.

The head is considered the most sacred part of the body, while the feet are seen as vulgar. Never point at things with your feet nor intentionally touch another person with your feet. Neither should you sit with your feet pointing at someone or at an object of worship, such as a shrine, a picture of the king or Buddha statue. Equally, you should never touch or reach over another person's head. If it's necessary to reach over someone, such as when getting something from a luggage compartment on a bus or train, it's customary to say kŏr tôht ขอโทษ ('Excuse me') first.

Car & Motorbike

I'd like to hire a car.	อยากจะเช่ารถเก๋ง yàhk jà chôw rót gĕng
I'd like to hire a motorbike.	อยากจะเช่ารถมอเตอร์ไซค์ yàhk jà chôw rót mor-đeu-sai
Is this the road to (Ban Bung Wai)?	ทางนี้ไป (บ้านบุ่งหวาย) ไหม tahng née bai (bâhn bùng wăi) măi
Can I park here?	จอดที่นี้ได้ไหม jòrt têe née dâi măi
Where's a petrol station?	ปั้มน้ำมันอยู่ที่ไหน bâm nám man yòo têe năi

PHRASE BUILDER

How much for ... hire?	ค่าเช่า ... ละเท่าไร	kâh chôw ... lá tôw-rai
hourly	ชั่วโมง	chôo·a mohng
daily	วัน	wan
weekly	อาทิตย์	ah-tít

Cycling

I'd like to hire a bicycle	ต้องการ เช่ารถจักรยาน đôrng gahn chôw rót jàk-gà-yahn

Accommodation

Fast Phrases

I have a reservation.	จองห้องมาแล้ว	jorng hôrng mah láa·ou
When is breakfast served?	อาหารเช้าจัดกี่โมง	ah-hăhn chów jàt gèe mohng
What time is checkout?	ต้องออกห้องกี่โมง	đôrng òrk hôrng gèe mohng

Finding Accommodation

PHRASE BUILDER

Where's a ...?	... อยู่ที่ไหน	... yòo têe năi
camping ground	ค่ายพักแรม	kâi pák raam
beach hut	กระท่อมชายหาด	grà-tôrm chai hàht
guesthouse	บ้านพัก	bâhn pák
hotel	โรงแรม	rohng raam
temple lodge	วัด	wát
youth hostel	บ้านเยาวชน	bâhn yow-wá-chon

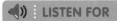

LISTEN FOR

มีห้องว่าง	mee hôrng wâhng	**vacancy**
ไม่มีห้องว่าง	mâi mee hôrng wâhng	**no vacancy**

Booking & Checking In

I have a reservation.	จองห้องมาแล้ว jorng hôrng mah láa·ou

PHRASE BUILDER

Do you have a/an ... room?	มีห้อง ... ไหม	mee hôrng ... măi
double	เตียงคู่	đee·ang kôo
single	เดี่ยว	dèe·o
twin	สองเตียง	sŏrng đee·ang

For (three) nights/ weeks.	เป็นเวลา(สาม) คืน/อาทิตย์ ƀen wair-lah (săhm) keun/ah-tít
From ... to	จากวันที่...ถึงวันที่... jàhk wan têe ... tĕung wan têe ...

PHRASE BUILDER

How much is it per ...?	... ละเท่าไร	... lá tôw-rai
night	คืน	keun
person	คน	kon
week	อาทิตย์	ah-tít

Local Knowledge

Hotels

Can you recommend somewhere cheap?	แนะนำที่ราคาถูกได้ไหม náa nam têe rah-kah tòok dâi măi
Can you recommend somewhere nearby?	แนะนำที่ใกล้ ๆ ได้ไหม náa nam têe glâi glâi dâi măi
Can you recommend somewhere romantic?	แนะนำที่โรแมนติกได้ไหม náa nam têe roh-maan-đìk dâi măi

Does the price include breakfast?	ราคาห้องรวมค่าอาหารเช้าด้วยไหม rah-kâh hôrng roo·am kâh ah-hăhn chów dôo·ay măi
Do I need to pay upfront?	ต้องจ่ายเงินล่วงหน้าไหม đôrng jài ngeun lôo·ang nâh măi
Can I see it?	ดูได้ไหม doo dâi măi
I'll take it.	เอา ow

Requests & Questions

When is breakfast served?	อาหารเช้าจัดกี่โมง ah-hăhn chów jàt gèe mohng

PHRASE BUILDER

Can I use the ...?	ใช้ ... ได้ไหม	chái ... dâi măi
kitchen	ห้องครัว	hôrng kroo·a
laundry	ห้องซักผ้า	hôrng sák pâh
telephone	โทรศัพท์	toh-rá-sàp

36

Where is breakfast served?	อาหารเช้าจัดที่ไหน ah-hăhn chów jàt têe năi
Please wake me at (seven).	กรุณาปลุกให้เวลา (เจ็ด) นาฬิกา gà-rú-nah Ƀlùk hâi wair-lah (jèt) nah-lí-gah
Could I have the key, please?	ขอกุญแจห้องหน่อย kŏr gun-jaa hôrng nòy
Can I get another (blanket)?	ขอ (ผ้าห่ม) อีกผืนได้ไหม kŏr (pâh hòm) èek pĕun dâi măi

PHRASE BUILDER

Do you have a/an ...?	มี ... ไหม	mee ... măi
elevator	ลิฟท์	líp
laundry service	บริการซักผ้า	bor-rí-gahn sák pâh
safe	ตู้เซฟ	đôo sép

Do you arrange tours here?	ที่นี้จัดนำเที่ยวไหม têe née jàt nam têe·o măi
Do you change money here?	ที่นี้แลกเงินได้ไหม têe née lâak ngeun dâi măi

Complaints

There's no hot water.	ไม่มีน้ำร้อน mâi mee nám rórn
The air-conditioning doesn't work.	แอร์ เสีย aa sĕe·a

Fast Talk

Using Patterns

Look out for patterns of words or phrases that stay the same, even when the situation changes, eg 'Do you have ...?' or 'I'd like to ...'. If you can recognise these patterns, you're already halfway there to creating a full phrase. The dictionary will help you put other words together with these patterns to convey your meaning – even if it's not completely grammatically correct in all contexts, the dictionary form will always be understood.

The fan doesn't work.	พัดลม เสีย pát lom sěe·a
The toilet doesn't work.	ส้วม เสีย sôo·am sěe·a
This (pillow) isn't clean.	(หมอนใบ) นี้ไม่สะอาด (mŏrn bai) née mâi sà-àht

PHRASE BUILDER

It's too ...	... เกินไป	... geun bai
cold	หนาว	nŏw
dark	มืด	mêut
noisy	เสียงดัง	sěe·ang dang
small	เล็ก	lék

Checking Out

What time is checkout?	ต้องออกจากห้องกี่โมง đôrng òrk jàhk hôrng gèe mohng

PHRASE BUILDER

Could I have my ..., please?	ขอ ... หน่อย	kŏr ... nòy
deposit	เงินมัดจำ	ngeun mát jam
passport	หนังสือเดินทาง	năng-sĕu deun tahng
valuables	ของมีค่า	kŏrng mee kâh

Can I leave my bags here?	ฝากกระเป๋าไว้ที่นี่ได้ไหม fàhk grà-Ъŏw wái têe née dâi măi	

Eating & Drinking

≡ Fast Phrases

I'd like the menu, please.	ขอรายการอาหารหน่อย kŏr rai gahn ah-hăhn nòy
I'd like (a beer), please.	ขอเบียร์หน่อย kŏr bee·a nòy
Please bring the bill.	ขอบิลล์หน่อย kŏr bin nòy

Meals

breakfast	อาหารเช้า ah-hăhn chów
lunch	อาหารกลางวัน ah-hăhn glahng wan
dinner	อาหารเย็น ah-hăhn yen
snack	อาหารว่าง ah-hăhn wâhng
eat (informal)	กิน gin
eat (polite)	ทาน tahn

Fast Talk

Have You Eaten Yet?

The cultural importance of food in Thailand can hardly be underestimated. In fact, a common Thai pleasantary is gin kôw rĕu yang กินข้าวหรือยัง which means 'Have you eaten yet?'. How you choose to answer is not so important – this greeting is really just a way of affirming a friendly connection.

eat (very formal)	รับประทาน ráp Ƀrà-tahn
drink	เครื่องดื่ม krêu·ang dèum

Finding a Place to Eat

Where would you go for a cheap meal?	ถ้าคุณจะไปหาอาหารราคาถูกๆคุณจะไปไหน tâh kun jà Ƅai hăh ah-hăhn rah-kah tòok tòok kun jà Ƅai năi
Where would you go for local specialities?	ถ้าคุณจะไปหาอาหารรสเด็ดๆของแถวนี้คุณจะไปไหน tâh kun jà Ƅai hăh ah-hăhn rót dèt dèt kŏrng tăa·ou née kun jà Ƅai năi

PHRASE BUILDER

Can you recommend a ...	แนะนำ... ได้ไหม	náa-nam ... dâi măi
bar	บาร์	bah
café	ร้านกาแฟ	ráhn gah-faa
restaurant	ร้านอาหาร	ráhn ah-hăhn

EATING & DRINKING

Fast Talk

Practising Thai

If you want to practise your language skills, try the waiters at a restaurant. Find your feet with straightforward phrases such as asking for a table and ordering a drink, then initiate a conversation by asking for menu recommendations or asking how a dish is cooked. And as you'll often know food terms even before you've 'officially' learnt a word of the language, you're already halfway to understanding the response.

Are you still serving food?	ยังบริการอาหารไหม yang bor-rí-gahn ah-hăhn măi
How long is the wait?	ต้องรอนานเท่าไร đôrng ror nahn tôw-rai
I'd like to reserve a table for (two) people	ผม/ดิฉันอยากจะจองโต๊ะสำหรับ (สอง) คน pŏm/dì-chăn yàhk jà jorng đó săm-ràp (sŏrng) kon **m/f**
I'd like to reserve a table for (eight pm)	ผม/ดิฉันอยากจะจองโต๊ะสำหรับ เวลา(สองทุ่ม) pŏm/dì-chăn yàhk jà jorng đó săm-ràp wair-lah (sŏrng tûm) **m/f**

PHRASE BUILDER

I'd like ..., please.	ขอ...หน่อย	kŏr ... nòy
a table for (five)	โต๊ะสำหรับ(ห้า) คน	đó săm-ràp (hâh) kon
nonsmoking	ที่เขตห้ามสูบบุหรี่	têe kèt hâhm sòop bù-rèe

Ordering & Paying

What would you recommend?	คุณแนะนำอะไรบ้าง kun náa-nam à-rai bâhng
What's the local speciality?	อาหารรสเด็ดๆ ของแถวนี้คืออะไร ah-hăhn rót dèt dèt kŏrng tăa·ou née keu à-rai
I'd like it with ...	ต้องการแบบมี ... đôrng gahn bàap mee ...
I'd like it without ...	ต้องการแบบไม่มี ... đôrng gahn bàap mâi mee ...
This is (too) cold	อันนี้เย็น (เกินไป) an née yen (geun ɓai)
That was delicious!	อร่อยมาก à-ròy mâhk
Please bring the bill.	ขอบิลล์หน่อย kŏr bin nòy
Please bring a (wine) glass.	ขอแก้ว(ไวน์) หน่อย kŏr gâa·ou (wai) nòy

PHRASE BUILDER

Could you prepare a meal without ...?	ทำอาหารไม่ใส่ ... ได้ไหม	tam ah-hăhn mâi sài ... dâi măi
butter	เนย	neu·i
eggs	ไข่	kài
fish	ปลา	ɓlah
meat stock	ซุปก้อนเนื้อ	súp gôrn néu·a
pork	เนื้อหมู	néu·a mŏo
poultry	เนื้อไก่	néu·a gài

PHRASE BUILDER

I'd like it ...	ต้องการ ...	đôrng gahn ...
medium	ปานกลาง	ɓahn glahng
rare	ไม่สุกมาก	mâi sùk mâhk
steamed	นึ่ง	nêung
well-done	สุกมากหน่อย	sùk mâhk nòy

I'd like the drink list, please.	ขอรายการเครื่องดื่มหน่อย kŏr rai gahn krêu·ang dèum nòy
I'd like the menu, please.	ขอรายการอาหารหน่อย kŏr rai gahn ah-hăhn nòy

Special Diets & Allergies

I'm (a) vegan.	ผม/ดิฉัน ไม่ทานอาหารที่มาจากสัตว์ pŏm/dì-chăn mâi tahn ah-hăhn têe mah jàhk sàt **m/f**
I'm (a) vegetarian.	ผม/ดิฉัน ทานอาหารเจ pŏm/dì-chăn tahn ah-hăhn jair **m/f**

PHRASE BUILDER

I'm allergic to ...	ผม/ดิฉันแพ้ ...	pŏm/dì-chăn páa ...
dairy produce	อาหารจำพวกนม	ah-hăhn jam-pôo·ak nom
gluten	แป้ง	ɓâang
MSG	ชูรส	choo-rót
nuts	ถั่ว	tòo·a
seafood	อาหารทะเล	ah-hăhn tá-lair
shellfish	หอย	hŏy

Non-alcoholic Drinks

(cup of) coffee	กาแฟ(ถ้วยหนึ่ง) gah-faa (tôo·ay nèung)
(cup of) tea	ชา(ถ้วยหนึ่ง) chah (tôo·ay nèung)
... with milk	...ใส่นม ... sài nom
... without	...ไม่ใส่ ... mâi sài
sugar	น้ำตาล nám-đahn
orange juice	น้ำส้มคั้น nám sôm kán
soft drink	น้ำอัดลม nám àt lom
mineral water	น้ำแร่ nám râa

PHRASE BUILDER

a ... of beer	เบียร์...หนึ่ง	bee·a ... nèung
glass	แก้ว	gâa·ou
jug	เหยือก	yèu·ak
pint	ไพนต์	pai

Alcoholic Drinks

beer	เบียร์ bee·a

brandy	บรั่นดี bà-ràn-dee
cocktail	ค็อกเทล kórk-ten
a shot of whisky	วิสกี้ช็อตหนึ่ง wít-sà-gêe chórt nèung
✂ Cheers!	ไชโย chai-yoh

PHRASE BUILDER

a glass/bottle of ... wine	ไวน์...แก้วหนึ่ง/ ขวดหนึ่ง	wai ... gâa·ou nèung/kòo·at nèung
red	แดง	daang
white	ขาว	kŏw

In the Bar

I'll buy you a drink.	ฉันจะซื้อของดื่มให้คุณ chăn jà séu kŏrng dèum hâi kun
What would you like?	จะรับอะไร jà ráp à-rai
I'll have ...	จะเอา ... jà ow ...
Same again, please.	ขออีกครั้งหนึ่ง kŏr èek kráng nèung
It's my round.	ตาของฉันนะ đah kŏrng chăn ná

Garçon

When calling for the attention of a waiter or waitress, make sure you use the correct form of address. A waiter is called bŏy บ๋อย which is easy enough to remember – just think of the English word 'boy' and raise the tone as if you are asking a question.

Buying Food

How much is (a kilo of mangoes)?	(มะม่วงกิโลหนึ่ง) เท่าไร (má-môo·ang gì-loh nèung) tôw-rai
What's that?	นั่นคืออะไร nân keu à-rai
How much?	เท่าไร tôw-rai
Can I taste it?	ชิมได้ไหม chím dâi măi
A bit more.	มากขึ้นหน่อย mâhk kêun nòy
Enough!	พอแล้ว por láa·ou

PHRASE BUILDER

I'd like ...	ต้องการ ...	đôrng gahn ...
(200) grams	(สองร้อย) กรัม	(sŏrng róy) gram
(three) pieces	(สาม) ชิ้น	(săhm) chín
that one	อันนั้น	an nán

Menu Decoder

b

bai đeu·i ใบเตย *pandanus leaves – used primarily to add a vanilla-like flavour to Thai sweets*
bai đorng ใบตอง *banana leaves*
bai gà-prow ใบกะเพรา *'holy basil' – so-called due to its sacred status in India*
bai maang-lák ใบแมงลัก *known variously as Thai basil, lemon basil or mint basil – popular in soups & as a condiment for* kà-nŏm jeen nám yah *&* lâhp
bai má-gròot ใบมะกรูด *kaffir lime leaves*
bà-mèe บะหมี่ *yellowish noodles made from wheat flour & sometimes egg*
bà-mèe gée·o ƀoo บะหมี่เกี๊ยวปู *soup containing* bà-mèe*, won ton & crab meat*
bà-mèe hâang บะหมี่แห้ง bà-mèe *served in a bowl with a little garlic oil, meat, seafood or vegetables*
bà-mèe nám บะหมี่น้ำ bà-mèe *with broth, meat, seafood or vegetables*
bòo·ap บวบ *gourd*
bòo·ap lèe·am บวบเหลี่ยม *sponge gourd*
bòo·ap ngoo บวบงู *snake gourd*

ƀ

ƀah-tôrng-gŏh ปาท่องโก๋ *fried wheat pastry similar to an unsweetened doughnut*
ƀèt เป็ด *duck*
ƀèt yâhng เป็ดย่าง *roast duck*
ƀlah ปลา *fish*
ƀlah bèuk ปลาบึก *giant Mekong catfish*
ƀlah chôrn ปลาช่อน *serpent-headed fish – a freshwater variety*
ƀlah dàak ปลาแดก *see* ƀlah-ráh
ƀlah dàat dee·o ปลาแดดเดียว *'half-day dried fish' – fried & served with a spicy mango salad*
ƀlah dùk ปลาดุก *catfish*
ƀlah gà-đàk ปลากะตัก *type of anchovy used in* nám ƀlah *(fish sauce)*
ƀlah gà-pong ปลากะพง *seabass • ocean perch*
ƀlah gŏw ปลาเก๋า *grouper • reef cod*
ƀlah grà-bòrk ปลากระบอก *mullet*
ƀlah kem ปลาเค็ม *preserved salted fish*
ƀlah lăi ปลาไหล *freshwater eel*
ƀlah lòt ปลาหลด *saltwater eel*
ƀlah mèuk glôo·ay ปลาหมึกกล้วย *squid • calamari*
ƀlah mèuk grà-dorng ปลาหมึกกระดอง *cuttlefish*
ƀlah nin ปลานิล *tilapia (variety of fish)*
ƀlah pŏw ปลาเผา *fish wrapped in banana leaves or foil & roasted over (or covered in) hot coals*
ƀlah sah-deen ปลาซาร์ดีน *sardine*
ƀlah săm-lee ปลาสำลี *cottonfish*
ƀlah săm-lee pŏw ปลาสำลีเผา *'fire-*

roasted cottonfish' – cottonfish roasted over coals
ƀlah too ปลาทู *mackerel*
ƀlah tôrt ปลาทอด *fried fish*
ƀlah-ráh ปลาร้า *'rotten fish' – unpasteurised version of* nám ƀlah *sold in earthenware jars (North-East Thailand)*
ƀó đàak โป๊ะแตก *'broken fish trap soup' –* đôm yam *with the addition of either sweet or holy basil & a melange of seafood, usually including squid, crab, fish, mussels & shrimp*
ƀoo ปู *crab*
ƀoo nah ปูนา *field crabs*
ƀor-ƀée·a ปอเปี๊ยะ *egg rolls*
ƀor-ƀée·a sòt ปอเปี๊ยะสด *fresh spring rolls*
ƀor-ƀée·a tôrt ปอเปี๊ยะทอด *fried spring rolls*

đ

đaang moh แตงโม *watermelon*
đà-krái ตะไคร้ *lemongrass – used in curry pastes,* tôm yam, yam *& certain kinds of* lâhp
đôm kàh gài ต้มข่าไก่ *'boiled galangal chicken' – includes lime, chilli & coconut milk (Central Thailand)*
đôm yam gûng ต้มยำกุ้ง *shrimp* yam
đôm yam ƀó đàak ต้มยำโป๊ะแตก
đôm yam *with mixed seafood*
đôn hŏrm ต้นหอม *'fragrant plant' – spring onion or scallions*
đôw hôo เต้าหู้ *tofu (soybean curd)*

f

fák ฟัก *gourd • squash*
fák kĕe·o ฟักเขียว *wax gourd*
fák torng ฟักทอง *golden squash or Thai pumpkin*
fà-ràng ฝรั่ง *guava (the word also refers to a Westerner of European descent)*

g

gaang แกง *classic chilli-based curries for which Thai cuisine is famous, as well as any dish with a lot of liquid (thus it can refer to soups)*
gaang ƀàh แกงป่า *'forest curry' – spicy curry which uses no coconut milk*
gaang đai ƀlah แกงไตปลา *curry made with fish stomach, green beans, pickled bamboo shoots & potatoes (South Thailand)*
gaang gah-yŏo แกงกาหยู *curry made with fresh cashews – popular in Phuket & Ranong*
gaang gà-rèe gài แกงกะหรี่ไก่ *curry similar to an Indian curry, containing potatoes & chicken*
gaang hó แกงโฮะ *spicy soup featuring pickled bamboo shoots (North Thailand)*
gaang jèut wún sên แกงจืดวุ้นเส้น *mung bean noodle soup,* gaang jèut *with* wún-sên
gaang kà-nŭn แกงขนุน *jackfruit curry – favoured in Northern Thailand but found elsewhere as well*
gaang kĕe·o wăhn แกงเขียวหวาน *green curry*
gaang kôo·a sôm sàp-ƀà-rót แกงคั่วส้มสัปปะรด *pan-roasted pineapple curry with sea crab*
gaang lee·ang แกงเลียง *spicy soup of green or black peppercorns, sponge gourd, baby corn, cauliflower & various greens, substantiated with pieces of chicken, shrimp or ground pork – probably one of the oldest recipes in Thailand*
gaang lĕu·ang แกงเหลือง *'yellow curry' – spicy dish of fish cooked with green squash, pineapple, green beans & green papaya (South Thailand)*
gaang morn แกงมอญ *Mon curry*
gaang pèt แกงเผ็ด *red curry*
gaang râht kôw แกงราดข้าว *curry over rice*

gaang sôm แกงส้ม *soupy, salty, sweet & sour curry made with dried chillies, shallots, garlic & Chinese key (*grà-chai*) pestled with salt,* gà-bì *& fish sauce*
gah-lăh กาหลา *'torch ginger' – thinly-sliced flower buds from a wild ginger plant, sometimes used in the Southern Thai rice salad* kôw yam
gài ไก่ *chicken*
gài tôrt ไก่ทอด *fried chicken*
gà-bì กะปิ *shrimp paste*
gàp glâam กับแกล้ม *'drinking food' – dishes specifically meant to be eaten while drinking alcoholic beverages*
gà-rèe กะหรี่ *Thai equivalent of the Anglo-Indian term 'curry'*
gà-tí กะทิ *coconut milk*
gée·o เกี๊ยว *won ton – triangle of dough wrapped around ground pork or fish*
glâh กล้า *rice sprouts*
glôo·ay กล้วย *banana*
goh-bée โกปี๊ *Hokkien dialect for coffee, used especially in Trang province*
goh-bée dam โกปี๊ดำ *sweetened black coffee (Trang province)*
goh-bée dam mâi sài nám-đahn โกปี๊ดำไม่ใส่น้ำตาล *unsweetened black coffee (Trang province)*
gŏo·ay đĕe·o ก๋วยเตี๋ยว *rice noodles made from pure rice flour mixed with water to form a paste which is then steamed to form wide, flat sheets*
gŏo·ay đĕe·o hâang ก๋วยเตี๋ยวแห้ง *dry rice noodles*
gŏo·ay đĕe·o hâang sù-kŏh-tai ก๋วยเตี๋ยวแห้งสุโขทัย *'Sukothai dry rice noodles' – thin rice noodles served in a bowl with peanuts, barbecued pork, ground dried chilli, green beans & bean sprouts*
gŏo·ay đĕe·o jan-tá-bù-ree ก๋วยเตี๋ยวจันทบุรี *dried rice noodles (Chantaburi)*
gŏo·ay đĕe·o lôok chín blah ก๋วยเตี๋ยวลูกชิ้นปลา *rice noodles with fish balls*
gŏo·ay đĕe·o reu·a ก๋วยเตี๋ยวเรือ *'boat noodles' – concoction of dark beef broth & rice noodles originally sold only on boats that frequented the canals of Rangsit*
gŏo·ay jáp ก๋วยจั๊บ *thick broth of sliced Chinese mushrooms & bits of chicken or pork*
gôy ก้อย *raw spicy minced-meat salad*
gûng gù-lah dam กุ้งกุลาดำ *tiger prawn*
gûng mang-gorn กุ้งมังกร *'dragon prawn' – refers to lobster*
gûng súp bâang tôrt กุ้งชุบแป้งทอด *batter-fried shrimp*

h

hăhng gà-tí หางกะทิ *coconut milk*
hèt hŏrm เห็ดหอม *shiitake mushrooms*
hŏm daang หอมแดง *shallots • scallions*
hŏo·a chai tów หัวไชเท้า *Chinese radish*
hŏo·a gà-tí หัวกะทิ *coconut cream*
hŏo·a pàk gàht หัวผักกาด *giant white radish*
hòr mòk tá-lair ห่อหมกทะเล hòr hŏy หอย *clams & oysters (generic)*
hŏy kraang หอยแครง *cockle*
hŏy má-laang pôo หอยแมลงภู่ *green mussel*
hŏy nahng rom หอยนางรม *oyster*
hŏy pát หอยพัด *scallop*

j

jàa·ou hórn แจ่วฮ้อน *North-Eastern version of Central Thailand's popular Thai sukiyaki (*sù-gêe-yah-gêe *) but includes mung bean noodles, thin-sliced beef, beef entrails, egg, water spinach, cabbage & cherry tomatoes*
jóhk โจ๊ก *thick rice soup or congee*
jóhk gài โจ๊กไก่ *thick rice soup with chicken*

jóhk mŏo โจ๊กหมู *thick rice soup with pork meatballs*

k

kàh ข่า *galangal (also known as Thai ginger)*
kài ไข่ *egg*
kài Ƀìng ไข่ปิ้ง *eggs in their shells skewered on a sharp piece of bamboo & grilled over hot coals*
kài păm ไข่ผำ *small green plant that grows on the surface of ponds, bogs & other still waters (North-East Thailand)*
kài pàt hèt hŏo nŏo ไข่ผัดเห็ดหูหนู *eggs stir-fried with mouse-ear mushrooms*
kà-mîn ขมิ้น *turmeric*
kà-nŏm ขนม *Thai sweets*
kà-nŏm jeen ขนมจีน *'Chinese Pastry' – rice noodles produced by pushing rice-flour paste through a sieve into boiling water – served on a plate & mixed with various curries*
kà-nŏm jeen chow nám ขนมจีนชาวน้ำ *noodle dish featuring a mixture of pineapple, coconut, dried shrimp, ginger & garlic served with* kà-nŏm jeen
kà-nŏm jeen tôrt man ขนมจีนทอดมัน *thin rice noodles with fried fish cake from Phetchaburi*
kà-nŏm jèep ขนมจีบ *Chinese dumplings filled with shrimp or pork*
kà-nŭn ขนุน *jackfruit (also known as* màhk mêe *in Isaan dialect)*
kĭng ขิง *ginger*
kŏrng wăhn ของหวาน *sweets*
kôw ข้าว *rice*
kôw Ƀlòw ข้าวเปล่า *plain rice*
kôw bow ข้าวเบา *'light rice' – early season rice*
kôw đôm ข้าวต้ม *boiled rice soup, a popular late-night meal*
kôw gaang ข้าวแกง *curry over rice*
kôw glahng ข้าวกลาง *'middle rice' – rice that matures mid-season*
kôw gàm ข้าวก่ำ *type of sticky rice with a deep purple, almost black hue, for use in desserts and, in Northern Thailand, to produce a mild home-made rice wine of the same name*
kôw glôrng ข้าวกล้อง *brown rice*
kôw grèe·ap gûng ข้าวเกรียบกุ้ง *shrimp chips*
kôw hŏrm má-lí ข้าวหอมมะลิ *jasmine rice*
kôw jôw ข้าวเจ้า *white rice*
kôw kôo·a Ƀòn ข้าวคั่วป่น *uncooked rice dry-roasted in a pan till it begins to brown, then pulverised with a mortar & pestle – one of the most important ingredients in* lâhp
kôw lăhm ข้าวหลาม *sticky rice & coconut steamed in a bamboo joint, a Nakhon Pathom speciality*
kôw man gài ข้าวมันไก่ *Hainanese dish of sliced steamed chicken over rice cooked in chicken broth & garlic*
kôw nĕe·o ข้าวเหนียว *sticky rice that is popular in Northern & North-Eastern Thailand*
kôw pàt ข้าวผัด *fried rice*
kôw pàt năam ข้าวผัดแหนม *fried rice with* năam
kôw pôht ข้าวโพด *corn*
kôw pôht òrn ข้าวโพดอ่อน *baby corn*
kôw râi ข้าวไร่ *plantation rice or mountain rice*
kôw sŏo·ay ข้าวสวย *cooked rice*
krêu·ang gaang เครื่องแกง *curry paste created by mashing, pounding & grinding an array of ingredients with a stone mortar & pestle to form an aromatic, thick & very pungent-tasting paste (also known as* nám prík gaang*)*
krêu·ang gaang pèt เครื่องแกงเผ็ด *red* krêu·ang gaang *made with dried red chillies*

l

lahng sàht ลางสาด *oval-shaped fruit with white fragrant flesh, grown in Utaradit Province*
lâhp Ƀèt ลาบเป็ด *duck* lâhp*, an Ubon Ratchathani speciality*
lâhp Ƀèt daang ลาบเป็ดแดง *red duck* lâhp *which uses duck blood as part of the sauce*
lâhp Ƀèt kŏw ลาบเป็ดขาว *white duck* lâhp
lâhp sùk ลาบสุก *cooked* lâhp
lam yai ลำใย *longan fruit (also known as 'dragon's eyes')*
lá-mút ละมุด *sapodilla fruit*
lôok chín Ƀlah ลูกชิ้นปลา *fish balls*
lôok grà-wahn ลูกกระวาน *cardamom*

m

má-gròot มะกรูด *kaffir lime – small citrus fruit with a bumpy & wrinkled skin*
má-kăhm มะขาม *tamarind*
má-kĕu·a มะเขือ *eggplant • aubergine*
má-kĕu·a Ƀrò มะเขือเปราะ *'Thai eggplant' – popular curry ingredient*
má-kĕu·a poo·ang มะเขือพวง *'pea eggplant' – popular curry ingredient, especially for* gaang kĕe·o-wăhn
má-kĕu·a têt มะเขือเทศ *tomatoes*
má-lá-gor มะละกอ *paw paw • papaya*
má-môo·ang มะม่วง *mango*
man fà-ràng มันฝรั่ง *potato*
man fà-ràng tôrt มันฝรั่งทอด *fried potatoes*
man gâa·ou มันแกว *yam root • jicama*
má-now มะนาว *lime*
má-prów มะพร้าว *coconut*
má-prow òrn มะพร้าวอ่อน *young green coconut*
mét má-môo·ang hĭm-má-pahn tôrt เม็ดมะม่วงหิมพานต์ทอด *fried cashew nuts*
mŏo หมู *pork*
mŏo Ƀìng หมูปิ้ง *toasted pork*
mŏo daang หมูแดง *strips of bright red barbecued pork*
mŏo săhm chán หมูสามชั้น *'three level pork' – cuts that include meat, fat & skin*
mŏo sàp หมูสับ *ground pork*
mŏo yor หมูยอ *sausage resembling a large German frankfurter*

n

năam แหนม *pickled pork*
năam môr แหนมหม้อ *'pot sausage' – sausage made of ground pork, pork rind & cooked sticky rice & fermented in a clay pot with salt, garlic & chilli (North Thailand)*
nòr mái หน่อไม้ *bamboo shoots*
nòr mái Ƀrêe·o หน่อไม้เปรี้ยว *pickled bamboo shoots*
nám Ƀlah น้ำปลา *fish sauce – thin, clear, amber sauce made from fermented anchovies & used to season Thai dishes*
nám đôw น้ำเต้า *bottle gourd*
nám jîm น้ำจิ้ม *dipping sauces*
nám jîm ah-hăhn tá-lair น้ำจิ้มอาหารทะเล *seafood dipping sauce,* prík nám Ƀlah *with the addition of minced garlic, lime juice & sugar*
nám prík đah daang น้ำพริกตาแดง *'red eye chilli dip' – very dry & hot dip*
nám prík gaang น้ำพริกแกง *see* krêu·ang gaang
nám prík gà-Ƀì น้ำพริกกะปิ nám prík *made with shrimp paste & fresh* prík kêe
nám see-éw น้ำซีอิ๊ว *soy sauce*
nám sôm prík น้ำส้มพริก *sliced green chillies in vinegar*
nám yah น้ำยา *standard curry topping for* kà-nŏm jeen*, made of Chinese key (*grà-chai*) & ground or pounded fish*
nám-đahn Ƀéep น้ำตาลปี๊ป *soft, light palm sugar paste – the most raw form of palm sugar*
néu·a เนื้อ *beef*

néu·a nám đòk เนื้อน้ำตก *'waterfall beef' – sliced barbecued beef in a savoury dressing of lime juice, ground chilli & other seasonings*
néu·a pàt nám-man hŏy เนื้อผัดน้ำมันหอย *beef stir-fried in oyster sauce*

p

prík bòn พริกป่น *dried red chilli (usually* nám prík chée fáh*), flaked or ground to a near powder*
prík chée·fáh พริกชี้ฟ้า *'sky-pointing chilli' – also known as spur chilli, Thai Chilli and Japanese chilli*
prík nám blah พริกน้ำปลา *standard condiment of sliced fresh red & green* prík kêe nŏo *(chilli) floating in fish sauce*
prík nám sôm พริกน้ำส้ม *young* prík yòo·ak *pickled in vinegar – a condiment popular with noodle dishes & Chinese food*
prík tai พริกไทย *black pepper (also known in English as Thai pepper)*
prík wăhn พริกหวาน *'sweet pepper' – green bell pepper*

r

râht nâh ราดหน้า *shortened name for any* gŏo·ay-đĕe·o râht nâh *dish, frequently used when ordering*
râht prík ราดพริก prík *smothered in garlic, chillies & onions – usually accompanies freshwater fish*
roh-đee โรตี *fried, round & flat wheat bread descended from the Indian paratha*
roh-đee kài โรตีไข่ *roti cooked with egg*

s

sah-lah-bow ซาลาเปา *steamed buns filled with stewed pork or sweet bean paste*
see-éw dam ซีอิ๊วดำ *'black soy' – heavy, dark soy sauce*
see-éw kŏw ซีอิ๊วขาว *'white soy' – light soy sauce*
sà-dé สะเต๊ะ *satay – short skewers of barbecued beef, pork or chicken that are served with a spicy peanut sauce*
sà-dé mŏo สะเต๊ะหมู *satay pork*
sà-dé néu·a สะเต๊ะเนื้อ *satay beef*
săng-kà-yăh fák torng สังขยาฟักทอง *custard-filled pumpkin*
sàp-bà-rót สับปะรด *pineapple*
sà-rá-nàa สะระแหน่ *mint*
sên lék เส้นเล็ก *thick rice noodles*
sên mèe เส้นหมี่ *thin rice noodles*
sên yài เส้นใหญ่ *medium-thick rice noodles*
sôm kĕe·o wăhn ส้มเขียวหวาน *mandarin orange*
sôm oh ส้มโอ *pomelo – popular in Northern Thailand*

t

tòo·a bòn ถั่วป่น *ground peanuts*
tòo·a lan-đow ถั่วลันเตา *snow peas*
tòo·a lĕu·ang ถั่วเหลือง *soya bean*
tòo·a ngôrk ถั่วงอก *mung bean sprouts*
tòo·a tôrt ถั่วทอด *fried peanuts*
tôrt man blah ทอดมันปลา *fried fish cake*
tôrt man gûng ทอดมันกุ้ง *fried shrimp cake*

y

yam gài ยำไก่ *hot & tangy salad with chicken & mint*
yam hèt hŏrm ยำเห็ดหอม *hot & tangy salad made with fresh shiitake mushrooms*
yêe-ràh ยี่หร่า *cumin*

Sightseeing

Fast Phrases

When's the museum open?	พิพิธพันธ์ เปิดกี่โมง pí-pít-tá-pan ˈbèut gèe mohng
When's the next tour?	การนำเที่ยวครั้งต่อไปกี่โมง gahn nam têe·o kráng dòr ˈbai gèe mohng
Can we take photos?	ถ่ายรูปได้ไหม tài rôop dâi măi

Planning

Do you have information on local places of interest?	มีข้อมูลเกี่ยวกับแหล่งท่องเที่ยวที่น่าสนใจแถวนี้ไหม mee kôr moon gèe·o gàp laang tôrng têe·o têe nâh sŏn jai tăa·ou née măi
I have (one day).	มีเวลา(หนึ่งวัน) mee wair-lah nèung wan
Can we hire a guide?	จ้างไกด์นำเที่ยวได้ไหม jâhng gai nam têe·o dâi măi
I'd like to see ...	ผม/ดิฉัน อยากจะดู ... pŏm/dì-chăn yàhk jà doo ... **m/f**

PHRASE BUILDER

I'd like ...	ผม/ดิฉัน ต้องการ ...	pŏm/dì-chăn đôrng gahn **m/f**
an audio set	ชุดเทปนำเที่ยว	chút tép nam têe·o
a catalogue	คู่มือแนะนำ	kôo meu náa nam
a guidebook in English	คู่มือนำเที่ยวเป็นภาษาอังกฤษ	kôo meu nam têe·o Ɓen pah-săh ang-grìt
a (local) map	แผนที่ (ท้องถิ่น)	păan têe (tórng tìn)

Questions

What's that?	นั่นคืออะไร nân keu à-rai
Who made it?	ใครสร้าง krai sâhng
How old is it?	เก่าเท่าไร gòw tôw-rai
Could you take a photo of me?	ถ่ายรูปให้ผม/ดิฉันหน่อยได้ไหม tài rôop hâi pŏm/dì-chăn nòy dâi măi **m/f**
Can I take a photo (of you)?	ถ่ายรูป (คุณ) ได้ไหม tài rôop (kun) dâi măi
I'll send you the photo.	จะส่งภาพมาให้ jà sòng pâhp ma hâi

Getting In

What time does it open/ close?	เปิด/ปิด กี่โมง Ɓèut/Ɓìt gèe mohng

Fast Talk

Forming Sentences

You don't need to memorise complete sentences; instead, simply use key words to get your meaning across. For example, you might know that mêu·a rai เมื่อไร means 'when' in Thai. So if you've arranged a tour but don't know what time, just ask เมื่อไรทัวร์ [mêu·a rai too·a]. Don't worry that you're not getting the whole sentence right – people will understand if you stick to the key words.

What's the admission charge?	ค่าเข้าเท่าไร	kâh kôw tôw-rai

PHRASE BUILDER

Is there a discount for ...?	ลดราคาสำหรับ ... ไหม	lót rah-kah săm-ràp ... măi
children	เด็ก	dèk
families	ครอบครัว	krôrp kroo·a
groups	คณะ	ká-ná
older people	คนสูงอายุ	kon sŏong ah-yú
pensioners	คนกินเงินบำนาญ	kon gin ngeun bam-nahn
students	นักศึกษา	nák sèuk-săh

Galleries & Museums

When's the gallery open?	หอแสดงเปิดกี่โมง	hŏr sà-daang Ъèut gèe mohng

When's the museum open?	พิพิธพันธ์ เปิดกี่โมง	pí-pít-tá-pan bèut gèe mohng
What's in the collection?	มีอะไรบ้างในชุดนี้	mee à-rai bâhng nai chút née
It's a/an exhibition of ...	เป็นนิทรรศการแสดง...	ben ní-tát-sà-gahn sà-daang...
I like the works of ...	ผม/ดิฉันชอบงานของ ...	pŏm/dì-chăn chôrp ngahn kŏrng ... **m/f**
... art	ศิลปะ ...	sĭn-lá-bà ...
graphic	การเขียน	gahn kĕe·an
modern	สมัยใหม่	sà-măi mài
performance	การแสดง	gahn sà-daang

Tours

When's the next ...?	... ต่อไปออกกี่โมง	... đòr bai òrk gèe mohng

PHRASE BUILDER

Can you recommend a ...?	แนะนำ ... ได้ไหม	náa-nam ... dâi măi
boat-trip	เที่ยวเรือ	têe·o reu·a
day trip	เที่ยวรายวัน	têe·o rai wan
tour	ทัวร์	too·a

Do I need to take ... with me?	ต้องเอา...ไปด้วยไหม đôrng ow ... Ƀai dôo·ay măi
How long is the tour?	การเที่ยวใช้เวลานานเท่าไร gahn têe·o chái wair-lah nahn tôw-rai
What time should we be back?	ควรจะกลับมากี่โมง koo·an jà glàp mah gèe mohng
I've lost my group.	ผม/ดิฉัน หลงคณะอยู่ pŏm/dì-chăn lŏng ká-ná yòo m/f

PHRASE BUILDER

Is ... included?	รวม ... ด้วยไหม	roo·am ... dôo·ay măi
the admission charge	ค่าเข้า	kâh kôw
equipment	อุปกรณ์	ùp-Ƀà-gorn
food	ค่าอาหาร	kâh ah-hăhn
transport	ค่าการขนส่ง	kâh gahn kŏn sòng

Shopping

Fast Phrases

Can I look at?	ขอดูได้ไหม kŏr doo dâi măi
How much is it?	ราคาเท่าไร rah-kah tôw rai
That's too expensive.	แพงไป paang Ƀai

Looking For ...

Where can I buy locally produced goods?	จะซื้อผลิตภัณฑ์ท้องถิ่นได้ที่ไหน jà séu pà-lìt-tá-pan tórng tìn dâi têe năi

PHRASE BUILDER

Where's ...?	... อยู่ที่ไหน	... yòo têe năi
a department store	ห้างสรรพสินค้า	hâhng sàp-pá-sĭn-káh
a floating market	ตลาดน้ำ	đà-làht nám
a market	ตลาด	đà-làht
a supermarket	ซูเปอร์มาร์เก็ต	soo-Ƀeu-mah-gèt

Local Knowledge

Shops

Where would you go for bargains?	จะซื้อของราคาดีๆได้ที่ไหน jà séu kŏrng rah-kah dee dee dâi têe năi
Where would you go for souvenirs?	จะซื้อของที่ระลึกได้ที่ไหน jà séu kŏrng têe rà-léuk dâi têe năi

Where can I buy locally produced souvenirs?	จะซื้อที่ระลึกที่ทำในท้องถิ่นได้ที่ไหน jà séu têe rá-léuk têe tam nai tórng tìn dâi têe năi

In the Shop

I'd like to buy (an adaptor plug).	อยากจะซื้อ (ปลั๊กต่อ) yàhk jà séu (ɓlák đòr)
I'm just looking.	ดูเฉย ๆ doo chĕu·i chĕu·i
Can I look at it?	ขอดูได้ไหม kŏr doo dâi măi
Do you have any others?	มีอีกไหม mee èek măi

PHRASE BUILDER

I'd like ..., please.	อยากจะ ... ครับ/ค่ะ	yàhk jà ... kráp/kâ **m/f**
a refund	ได้เงินคืน	dâi ngeun keun
to return this	เอามาคืน	ow mah keun

It's faulty.	มันบกพร่อง man bòk prôrng	
Could I have it wrapped?	ห่อให้ได้ไหม hòr hâi dâi măi	
Could I have a bag, please?	ขอถุงด้วย kŏr tŭng dôo·ay	

Paying & Bargaining

How much is it?	เท่าไรครับ/คะ tôw-rai kráp/ká **m/f**
It costs XXX.	ราคา...บาท rah-kah...bàht

PHRASE BUILDER

Do you accept ...?	รับ ... ไหม	ráp ... măi
credit cards	บัตรเครดิต	bàt krair-dìt
debit cards	บัตรธนาคาร	bàt tá-nah-kahn

Can you write down the price?	เขียนราคาให้หน่อยได้ไหม kĕe·an rah-kah hâi nòy dâi măi
That's too expensive.	แพงไป paang ɓai
Do you have something cheaper?	มีถูกกว่านี้ไหม mee tòok gwàh née măi
Can you lower the price?	ลดราคาได้ไหม lót rah-kah dâi măi
I'll give you (500 baht).	จะให้ (ห้าร้อยบาท) jà hâi (hâh róy bàht)

| I'd like my change, please. | อยากจะได้เงินทอน ครับ/ค่ะ
yàhk jà dâi ngeun torn kráp/kâ m/f |
| Could I have a receipt, please? | ขอใบเสร็จด้วย
kŏr bai sèt dôo·ay |

Clothes & Shoes

I'm looking for shoes/underwear.	กำลังหาร้องเท้า/เสื้อชั้นใน gam-lang hăh rorng tów/sêu·a chán nai
Can I try it on?	ลองได้ไหม lorng dâi măi
It doesn't fit.	ไม่ถูกขนาด mâi tòok kà-nàht

PHRASE BUILDER

My size is ...	ฉันใช้ขนาด ...		chăn chái kà-nàht ...
small	เล็ก		lék
medium	กลาง		glahng
large	ใหญ่		yài

Books & Reading

| Do you have a book by (Sulak Sivarak)? | มีหนังสือโดย (อาจารย์ สุลักษณ์ ศิวรักษ์) ไหม
mee năng-sĕu doy (ah-jahn sù-lák sì-wá-rák) măi |

Is there an English-language bookshop?	มีร้านขายหนังสือภาษาอังกฤษไหม mee ráhn kăi năng-sĕu pah-săh ang-grìt măi
Is there an English-language section?	มีแผนกภาษาอังกฤษไหม mee pà-nàak pah-săh ang-grìt măi
I'd like a newspaper (in English).	ต้องการหนังสือพิมพ์ (ภาษาอังกฤษ) đôrng gahn năng-sĕu pim (pah-săh ang-grìt)

Music & DVDs

I'm looking for something by (Carabao).	กำลังหาชุดเพลง (วงคาราบาว) gam-lang hăh chút pleng (wong kah-rah-bow)
What's their best recording?	เพลงชุดไหนเป็นชุดที่ดีที่สุดของเขา pleng chút năi ben chút têe dee têe sùt kŏrng kŏw
Can I listen to this?	ฟังได้ไหม fang dâi măi
What region is this DVD for?	แผ่นดีวีดีนี้สำหรับเขตไหน pàan dee wee dee née săm-ràp kèt năi

PHRASE BUILDER

I'd like a ...	ต้องการ ...	đôrng gahn ...
CD	แผ่นซีดี	pàan see-dee
DVD	แผ่นดีวีดี	pàan dee-wee-dee

SHOPPING

Entertainment

Fast Phrases

What's on tonight?	มีอะไรทำ คืนนี้	mee à-rai tam keun née
Where can I find clubs?	จะหา ไนท์คลับ ได้ที่ไหน	jà hăh nai kláp dâi têe năi
Where/when shall we meet?	จะพบกันที่ไหน/เมื่อไร	jà póp gan têe năi/mêu·a rai

Going Out

Where shall we go?	จะไปไหนกันดี	ja ɓai năi gan dee

PHRASE BUILDER

Where can I find ...?	จะหา ... ได้ที่ไหน	jà hăh ... dâi têe năi
clubs	ไนท์คลับ	nai kláp
gay venues	สถานบันเทิง สำหรับคนเกย์	sà-tăhn ban-teung săm-ràp kon gair
places to eat	ที่ทานอาหาร	têe tahn ah-hăhn
pubs	ผับ	pàp

What's on locally?	มีอะไรทำ แถวๆ นี้ mee à-rai tam tăa·ou tăa·ou née
Is there a local entertainment guide?	มีคู่มือ สถานบันเทิงสำหรับแถวนี้ไหม mee kôo meu sà-tăhn ban-teung săm-ràp tăa·ou née măi
What's there to do in the evenings?	มีอะไรบ้างให้ทำตอนเย็น mee à-rai bâhng hâi tam đorn yen
Do you know a good restaurant?	รู้จักร้านอาหารดีๆไหม róo jàk ráhn ah-hăhn dee dee măi

PHRASE BUILDER

I feel like going to a ...	ผม/ดิฉัน รู้สึก อยากจะไป ...	pŏm/dì-chăn róo-sèuk yàhk jà Ƀai ... **m/f**
bar	บาร์	bah
café	ร้านกาแฟ	ráhn gah-faa
concert	ดูการแสดง	doo gahn sà-daang
film	ดูหนัง	doo năng
full moon party	งานปาร์ตี้พระจันทร์เต็มดวง	ngahn Ƀah-đêe prá jan đem doo·ang
karaoke bar	คาราโอเกะ	kah-rah-oh-gé
nightclub	ไนท์คลับ	nai kláp
party	งานปาร์ตี้	ngahn Ƀah-đêe
performance	ดูงานแสดง	doo ngahn sà-daang
pub	ผับ	pàp
restaurant	ร้านอาหาร	ráhn ah-hăhn

Local Knowledge

Put a Smile on Your Dial

Thailand has been called the Land of Smiles, and not without reason. It's cool to smile, and Thai people seem to smile and laugh at the oddest times (such as if you trip over something or make a mistake). It's important to realise that they're not laughing at you, but with you: it's a way of releasing the tension of embarrassment and saying it's OK.

Thais feel negative emotions just as much as anyone else, but the culture does not encourage the outward expression of them. It's considered bad form to blow up in anger in public, and trying to intimidate someone into doing what you want with a loud voice and red face will only make you look bad.

What's on this weekend?	มีอะไรทำเสาร์อาทิตย์นี้ mee à-rai tam sŏw ah-tít née
What's on today?	มีอะไรทำวันนี้ mee à-rai tam wan née
What's on tonight?	มีอะไรทำคืนนี้ mee à-rai tam keun née

Meeting Up

What time will we meet?	จะพบกันกี่โมง jà póp gan gèe mohng
Where will we meet?	จะพบกันที่ไหน jà póp gan têe năi
Let's meet at (eight pm).	พบกัน (สองทุ่ม) ดีไหม póp gan (sŏrng tûm) dee măi
Let's meet at the (entrance).	พบกัน ที่ (ทางเข้า) ดีไหม póp gan têe (tahng kôw) dee măi

Practicalities

Fast Phrases

Where's the nearest ATM?	ตู้เอทีเอ็มที่ใกล้ที่สุดอยู่ที่ไหน đôo air-tee-em têe glâi têe sùt yòo têe năi
Is there wireless internet access here?	ที่นี่มีไวไฟไหม têe née mee wai fai măi
Where's the toilet?	ห้องส้วมอยู่ไหน hôrng sôo·am yòo năi

Banking

Where's a bank?	ธนาคารอยู่ที่ไหน tá-nah-kahn yòo têe năi
What time does the bank open?	ธนาคารเปิดกี่โมง tá-nah-kahn ɓèut gèe mohng
Where can I change money?	แลกเงินได้ที่ไหน lâak ngeun dâi têe năi

PHRASE BUILDER

Where's ...?	... อยู่ที่ไหน	... yòo têe năi
an ATM	ตู้เอทีเอ็ม	đôo air-tee-em
a foreign exchange office	ที่แลกเงินต่างประเทศ	têe lâak ngeun đàhng ɓrà-têt

PRACTICALITIES

Fast Talk

Understanding Thai

Most sentences are composed of several words (or parts of words) serving various grammatical functions, as well as those that carry meaning (primarily nouns and verbs). If you're finding it hard to understand what someone is saying to you, listen out for the nouns and verbs to work out the context – this shouldn't be hard as they are usually more emphasised in speech. If you're still having trouble, a useful phrase to know is pôot cháa cháa dâi măi พูดช้าๆได้ไหม (Please speak more slowly).

Where can I withdraw money?	ถอนเงิน ได้ที่ไหน tŏrn ngeun dâi têe năi
I'd like to withdraw money.	อยากจะ ถอนเงิน yàhk jà tŏrn ngeun
What's the charge for that?	ค่าธรรมเนียม เท่าไร kâh tam-nee·am tôw-rai
What's the exchange rate?	อัตราแลกเปลี่ยน เท่าไร àt-đrah lâak ƀlèe·an tôw-rai

Phone/Mobile Phone

Where's the nearest public phone?	ตู้โทรศัพท์ที่ใกล้เคียงอยู่ที่ไหน đôo toh-rá-sàp têe glâi kee·ang yòo têe năi
I want to buy a phonecard.	อยากจะ ซื้อบัตรโทรศัพท์ yàhk jà séu bàt toh-rá-sàp
I want to call (Singapore).	อยากจะ โทรไปประเทศ (สิงคโปร์) yàhk jà toh ƀai ƀrà-têt (sĭng-ká-ƀoh)

I want to reverse the charges.	อยากจะ โทรเก็บปลายทาง	yàhk jà toh gèp ɓlai tahng
How much does a (three)-minute call cost?	โทร (สาม) นาทีคิดเงินเท่าไร	toh (săhm) nah-tee kít ngeun tôw-rai
The number is ...	เบอร์ก็คือ ...	beu gôr keu ...
I've been cut off.	สายหลุดแล้ว	săi lùt láa·ou
I'd like a charger for my phone.	ต้องการ เครื่องชาร์จโทรศัพท์	đôrng gahn krêu·ang cháht toh-rá-sàp
I'd like a SIM card.	ต้องการ บัตรซิม	đôrng gahn bàt sim
I'd like to buy (an adaptor plug).	อยากจะซื้อ (ปลั๊กต่อ)	yàhk jà séu (ɓlák đòr)

Internet

Where's the local Internet café?	ที่ไหนร้านอินเตอร์เนตที่ใกล้เคีย	têe năi ráhn in-đeu-nét têe glâi kee·ang

PHRASE BUILDER

How much per ...?	คิด ... ละเท่าไร	kít ... lá tôw-rai
hour	ชั่วโมง	chôo·a mohng
(five)-minutes	(ห้า) นาที	(hâh) nah-tee
page	หน้า	nâh

Is there wireless internet access here?	ที่นี่มีไวไฟไหม	têe née mee wai fai mǎi
Can I connect my laptop here?	ต่อแล็บทอบที่นี่ได้ไหม	đor láap tóp têe née dâi mǎi
Do you have headphones (with a microphone)?	มีหูฟัง(ที่มีไมค์) ไหม	mee hŏo fang (têe mee mai) mǎi
Can I connect my camera to this computer?	ต่อกล้องกับคอมพิวเตอร์นี่ได้ไหม	đòr glôrng gàp korm-pew-đeu née dâi mǎi
It's crashed.	เครื่องแฮ้งแล้ว	krêu·ang háang láa·ou
I've finished.	เสร็จแล้ว	sèt láa·ou

PHRASE BUILDER

I'd like to ...	อยากจะ ...	yàhk jà ...
check my email	ตรวจอีเมล	đròo·at ee-mairn
use a printer	ใช้เครื่อ็พิมพ์	chái krêu·ang pim
use a scanner	ใช้เครื่อ็สแกน	chái krêu·ang sà-gaan

Emergencies

Help!	ช่วยด้วย	chôo·ay dôo·ay
Stop!	หยุด	yùt

Go away!	ไปให้พ้น ɓai hâi pón	
Leave me alone!	อย่ายุ่งกับฉัน yàh yûng gàp chăn	
Thief!	ขโมย kà-moy	
Fire!	ไฟไหม้ fai mâi	
Watch out!	ระวัง rá-wang	
It's an emergency.	เป็นเหตุฉุกเฉิน ɓen hèt chùk-chĕun	
Call a doctor!	ตามหมอหน่อย đahm mŏr nòy	
Call an ambulance!	ตามรถพยาบาล đahm rót pá-yah-bahn	
Call the police!	เรียกตำรวจมา rêe·ak đam-ròo·at mah	
Could you please help?	ช่วยได้ไหม chôo·ay dâi măi	
Can I use your phone?	ใช้โทรศัพท์ของคุณได้ไหม chái toh-rá-sàp kŏrng kun dâi măi	
I'm lost.	ผม/ดิฉัน หลงทาง pŏm/dì-chăn lŏng tahng **m/f**	
Where are the toilets?	ห้องน้ำอยู่ที่ไหน hôrng nám yòo têe năi	

Police

Where's the police station?	สถานีตำรวจอยู่ที่ไหน sà-tăh-nee đam-ròo·at yòo têe năi
I've been raped.	ผม/ดิฉันโดนข่มขืน pŏm/dì-chăn dohn kòm kĕun **m/f**
I've been robbed.	ผม/ดิฉันโดนขโมย pŏm/dì-chăn dohn kà-moy **m/f**
My ... was stolen.	...ของผม/ดิฉันถูกขโมย ... kŏrng pŏm dì-chăn tòok kà-moy **m/f**

PHRASE BUILDER

I've lost my ...	ผม/ดิฉัน ทำ ... หายแล้ว	pŏm/dì-chăn tam ... hăi láa·ou **m/f**
bags	กระเป๋า	grà-ɓŏw
money	เงิน	ngeun
passport	หนังสือเดินทาง	năng-sĕu deun tahng

I want to contact my embassy.	ผม/ดิฉัน อยากจะติดต่อสถานทูต pŏm/dì-chăn yàhk jà đìt đòr sà-tăhn tôot **m/f**
I want to contact my consulate.	ผม/ดิฉัน อยากจะติดต่อกงศุล pŏm/dì-chăn yàhk jà đìt đòr gong-sŭn **m/f**
I have insurance.	ผม/ดิฉันมีประกันอยู่ pŏm/dì-chăn mee ɓrà-gan yòo **m/f**

Health

Where's the nearest chemist?	ร้านขายยา ที่ใกล้เคียงอยู่ที่ไหน ráhn kăi yah têe glâi kee·ang yòo têe năi
Where's the nearest dentist?	หมอฟันที่ใกล้เคียงอยู่ที่ไหน mŏr fan têe glâi kee·ang yòo têe năi
Where's the nearest hospital?	โรงพยาบาลที่ใกล้เคียงอยู่ที่ไหน rohng pá-yah-bahn têe glâi kee·ang yòo têe năi
I need a doctor (who speaks English).	ผม/ดิฉัน ต้องการหมอ (ที่พูดภาษาอังกฤษได้) pŏm/dì-chăn đôrng gahn mŏr (têe pôot pah-săh ang-grìt dâi) **m/f**
Could I see a female doctor?	พบกับคุณหมอผู้หญิงได้ไหม póp gàp kun mŏr pôo yĭng âi măi
My prescription is ...	มีใบสั่งยาสำหรับ... mee bai sàng yah săm-ràp
I need something for ...	ต้องการยาสำหรับ... đôrng gahn yah săm-ràp ...

PHRASE BUILDER

I feel ...	ผม/ดิฉันรู้สึก ...	pŏm/dì-chăn róo-sèuk ... **m/f**
dizzy	เวียนหัว	wee·an hŏo·a
nauseous	คลื่นไส้	klêun sâi
hot and cold	หนาว ๆ ร้อน ๆ	nŏw nŏw rórn rórn
weak	อ่อนเพลีย	òrn plee·a

PRACTICALITIES

Symptoms, Conditions & Allergies

I'm sick.	ผม/ดิฉันป่วย	pŏm/dì-chăn Ъòo·ay **m/f**
It hurts here.	เจ็บตรงนี้	jèp đrong née
I've been injured.	ผม/ดิฉัน บาดเจ็บ	pŏm/dì-chăn bàht jèp **m/f**
I've been vomiting.	ผม/ดิฉัน อาเจียน	pŏm/dì-chăn ah-jee·an **m/f**
I'm allergic to antibiotics.	ผม/ดิฉันแพ้ยาปฏิชีวนะ	pŏm/dì-chăn páa yah Ъà-đì-chee-wá-ná **m/f**
I'm allergic to aspirin.	ผม/ดิฉันแพ้ยาแอสไพริน	pŏm/dì-chăn páa yah àat-sà-pai-rin **m/f**
I'm allergic to penicillin.	ผม/ดิฉันแพ้ยาเพนนิซิลลิน	pŏm/dì-chăn páa yah pen-ní-sin-lin **m/f**

PHRASE BUILDER

I have (a/an) ...	ผม/ดิฉัน ...	pŏm/dì-chăn ... **m/f**
cough	เป็นไอ	Ъen ai
fever	เป็นไข้	Ъen kâi
heatstroke	แพ้แดด	páa dàat
malaria	เป็นไข้มาเลเรีย	Ъen kâi mah-lair-ree·a

Dictionary

ENGLISH *to* THAI

ENGLISH *to* THAI

The symbols ⓝ, ⓐ and ⓥ (indicating noun, adjective and verb) have been added for clarity where an English term could be either.

a

accommodation ที่พัก têe pák
account บัญชี ban-chee
aeroplane เครื่องบิน krêu·ang bin
afternoon ตอนบ่าย đorn bài
air-conditioned ปรับอากาศ ɓràp ah-gàht
airport สนามบิน sà-năhm bin
airport tax ภาษีสนามบิน pah-sěe sà-năhm bin
alarm clock นาฬิกาปลุก nah-lí-gah ɓlùk
alcohol เหล้า lôw
antique วัตถุโบราณ wát-tù boh-rahn
appointment การนัด gahn nát
art gallery ห้องแสดงภาพ hôrng sà-daang pâhp
ashtray ที่เขี่ยบุหรี่ têe kèe·a bù-rèe
at ที่ têe
automated teller machine (ATM) ตู้เอทีเอ็ม đôo air tee em
autumn หน้าใบไม้ร่วง nâh bai mái rôo·ang

b

baby ทารก tah-rók
back (body) หลัง lăng
backpack เป้ ɓâir
bad เลว le·ou
bag ถุง tŭng
baggage กระเป๋า grà-ɓŏw
baggage allowance พิกัดน้ำหนักกระเป๋า pí-gàt nám nàk grà-ɓŏw
baggage claim ที่รับกระเป๋า têe ráp grà-ɓŏw

bakery ที่ขายขนมปัง têe kăi kà-nŏm Ƅang
Band-Aid ปลาสเตอร์ Ƅlah-sà-đeu
bank ธนาคาร tá-nah-kahn
bathroom ห้องน้ำ hôrng nám
battery (flashlight) ถ่านไฟฉาย tàhn fai chăi
battery (car) หม้อแบตเตอรี่ môr bàat-đeu-rêe
beach ชายหาด chai hàht
beautiful สวย sŏo·ay
beauty salon ร้านเสริมสวย ráhn sĕum sŏo·ay
bed เตียง đee·ang
bed linen ผ้าปูที่นอน pâh Ƅoo têe norn
bedroom ห้องนอน hôrng norn
beer เบียร์ bee·a
bicycle รถจักรยาน rót jàk-gà-yahn
big ใหญ่ yài
bill (restaurant etc) บิลล์ bin
birthday วันเกิด wan gèut
black สีดำ sĕe dam
blanket ผ้าห่ม pâh hòm
blood group กลุ่มเลือด glum lêu·at
blue (light) สีฟ้า sĕe fáh
blue (dark) สีน้ำเงิน sĕe nám ngeun
boarding house บ้านพัก bâhn pák
boarding pass บัตรขึ้นเครื่องบิน bàt kêun krêu·ang bin
boat เรือ reu·a
book หนังสือ năng-sĕu
book (make a booking) จอง jorng
book shop ร้านขายหนังสือ ráhn kăi năng-sĕu
booked out จองเต็มแล้ว jorng đem láa·ou
border ชายแดน chai daan
bottle ขวด kòo·at
box กล่อง glòrng
boy เด็กชาย dèk chai
boyfriend แฟนผู้ชาย faan pôo chai
bra ยกทรง yók song
brakes เบรก brèk
bread ขนมปัง kà-nŏm Ƅang
briefcase กระเป๋าเอกสาร grà-Ƅŏw èk-gà-săhn
broken หักแล้ว hàk láa·ou
brother (older) พี่ชาย pêe chai
brother (younger) น้องชาย nórng chai
brown สีน้ำตาล sĕe nám đahn
building ตึก đèuk
bus (city) รถเมล์ rót mair
bus (intercity) รถบัส rót bàt
bus station สถานีขนส่ง sà-thăh-nee kŏn sòng
bus stop ป้ายรถเมล์ Ƅâi rót mair
business ธุรกิจ tú-rá-gìt
business class ชั้นธุรกิจ chán tú-rá-gìt
busy ยุ่ง yûng
butcher's shop ร้านขายเนื้อ ráhn kăi néu·a

C

café ร้านกาแฟ ráhn gah-faa
call เรียก rêe·ak
camera กล้องถ่ายรูป glôrng tài rôop
can (be able) เป็น Ƅen
can (have permission) ได้ dâi
can (tin) กระป๋อง grà-Ƅŏrng
cancel ยกเลิก yók lêuk
car รถยนต์ rót yon
car hire การเช่ารถ gahn chôw rót
car owner's title ใบกรรมสิทธิ์รถยนต์ bai gam-má-sìt rót yon
car park ที่จอดรถ têe jòrt rót
car registration ทะเบียนรถ tá-bee·an rót
cash เงินสด ngeun sòt
cashier แคเชียร์ kaa-chee·a
change ⓝ การเปลี่ยนแปลง gahn Ƅlèe·an Ƅlaang
change (coins) เงินปลีก ngeun Ƅlèek
change (money) แลก lâak
check (banking) เช็ค chék
check-in (desk) เช็คอิน chék in
cheque (banking) เช็ค chék
child เด็ก dèk

church โบสถ์ bòht
cigarette lighter ไฟแช็ค fai cháak
city เมือง meu·ang
city centre ใจกลางเมือง jai glahng meu·ang
clean ⓐ สะอาด sà-àht
cleaning การทำสะอาด gahn tam sà-àht
cloakroom ห้องเก็บเสื้อ hôrng gèp sêu·a
closed ปิดแล้ว bìt láa·ou
clothing เสื้อผ้า sêu·a pâh
coat เสื้อคลุม sêu·a klum
coffee กาแฟ gah-faa
coins เหรียญ rĕe·an
cold เย็น yen
comfortable สบาย sà-bai
company บริษัท bor-rí-sàt
computer คอมพิวเตอร์ korm-pew-đeu
condom ถุงยางอนามัย tŭng yahng à-nah-mai
confirm (a booking) ยืนยัน yeun yan
connection ข้อต่อ kôr đòr
convenience store ร้านขายของชำ ráhn kăi kŏrng cham
cook ⓝ คนครัว kon kroo·a
cook ⓥ ทำอาหาร tam ah-hăhn
cool เย็น yen
cough ไอ ai
countryside ชนบท chon-ná-bot
cover charge ค่าผ่านประตู kâh pàhn bprà-đoo
crafts หัตถกรรม hàt-tà-gam
credit card บัตรเครดิต bàt crair-dìt
currency exchange การแลกเงิน gahn lâak ngeun
customs ศุลกากร sŭn-lá-gah-gorn

d

daily รายวัน rai wan
date (day) วันที่ wan têe
date of birth วันที่เกิด wan têe gèut
daughter ลูกสาว lôok sŏw
day วัน wan
day after tomorrow (the) วันมะรืน wan má-reun
day before yesterday (the) เมื่อวานซืน mêu·a wahn seun
delay การเสียเวลา gahn sĕe·a wair-lah
depart (leave) ออกเดินทาง òrk deun tahng
department store สรรพสินค้า sàp-pá-sĭn-káh
departure ขาออก kăh òrk
diaper ผ้าอ้อม pâh ôrm
dictionary พจนานุกรม pót-jà-nah-nú-grom
dining car ตู้รับประทานอาหาร đôo ráp bprà-tahn ah-hăhn
dinner อาหารมื้อเย็น ah-hăhn méu yen
direct ทางตรง tahng đrong
dirty สกปรก sòk-gà-bròk
discount ราคาส่วนลด rah-kah sòo·an lót
dish จาน jahn
doctor หมอ mŏr
dog หมา măh
double bed เตียงคู่ đee·ang kôo
double room ห้องคู่ hôrng kôo
dress ⓝ กระโปรง grà-bprohng
drink ⓝ เครื่องดื่ม krêu·ang dèum
drink ⓥ ดื่ม dèum
drivers licence ใบขับขี่ bai kàp kèe
drunk เมา mow
dry ⓐ แห้ง hâang

e

each แต่ละ đàa-lá
early เช้า chów
east ทิศตะวันออก tít đà-wan òrk
eat (informal) กิน gin
eat (polite) ทาน tahn
eat (very formal) รับประทาน ráp bprà-tahn
economy class ชั้นประหยัด chán bprà-yàt

elevator ลิฟต์ líp
embassy สถานทูต sà-tăhn tôot
English อังกฤษ ang-grìt
enough พอ por
entry การเข้า gahn kôw
envelope ซองจดหมาย sorng jòt-măi
evening ตอนเย็น đorn yen
every ทุก túk
everything ทุกสิ่ง túk sìng
excess (baggage) (น้ำหนัก) เกิน (nám nàk) geun
exchange ⓝ การแลกเปลี่ยน gahn lâak ɓlèe·an
exchange ⓥ แลกเปลี่ยน lâak ɓlèe·an
exhibition นิทรรศการ ní-tát-sà-gahn
exit ⓝ ทางออก tahng òrk
expensive แพง paang
express mail (by) ไปรษณีย์ด่วน ɓrai-sà-nee dòo·an

f

fall (autumn) หน้าใบไม้ร่วง nâh bai mái rôo·ang
family ครอบครัว krôrp kroo·a
fare ค่าโดยสาร kâh doy săhn
fashion แฟชั่น faa-chân
fast เร็ว re·ou
father inf พ่อ pôr
father pol บิดา bì-dah
ferry เรือข้ามฟาก reu·a kâhm fâhk
fever ไข้ kâi
film (cinema) ภาพยนตร์ pâhp-pá-yon
film (for camera) ฟิล์ม fim
fine (penalty) ค่าปรับ kâh ɓràp
finger นิ้ว néw
first class ชั้นหนึ่ง chán nèung
fish shop ร้านขายปลา ráhn kăi plah
fleamarket ตลาดขายของเบ็ดเตล็ด đà-làht kăi kŏrng bèt đà-lèt
flight เที่ยวบิน têe·o bin
floor (storey) ชั้น chán
flu ไข้หวัด kâi wàt
footpath ทางเดิน tahng deun
foreign ต่างชาติ đàhng châht
forest ป่า ɓàh
free (not bound) อิสระ ìt-sà-rà
free (of charge) ฟรี free
fresh สด sòt
friend เพื่อน pêu·an

g

garden สวน sŏo·an
gas (for cooking) ก๊าซ gáht
gas (petrol) น้ำมันเบนซิน nám-man ben-sin
gift ของขวัญ kŏrng kwăn
girl สาว sŏw
girlfriend แฟนสาว faan sŏw
glasses แว่นตา wâan đah
glove(s) ถุงมือ tŭng meu
go ไป ɓai
go out ไปข้างนอก ɓai kâhng nôrk
go shopping ไปซื้อของ ɓai séu kŏrng
gold ทองคำ torng kam
grateful ปลื้มใจ ɓlêum jai
gray สีเทา sĕe tow
green สีเขียว sĕe kĕe·o
grocery ร้านขายของชำ ráhn kăi kŏrng cham
guesthouse บ้านพัก bâhn pák
guided tour ทัวร์ too·a

h

half ครึ่ง krêung
handsome รูปหล่อ rôop lòr
heated เร่าร้อน rôw rórn
help ⓝ ความช่วยเหลือ kwahm chôo·ay lĕu·a
help ⓥ ช่วย chôo·ay
here ที่นี่ têe née
highway ทางหลวง tahng lŏo·ang
hire เช่า chôw
holiday (public) วันหยุด wan yùt
holidays การพักร้อน gahn pák rórn

honeymoon ดื่มน้ำผึ้งพระจันทร์ dèum nám pêung prá jan
hot ร้อน rórn
hot (spicy) เผ็ด pèt
hot springs บ่อน้ำร้อน bòr nám rórn
hot water น้ำร้อน nám rórn
hotel โรงแรม rohng raam
hour ชั่วโมง chôo·a mohng
husband ผัว pŏo·a

i

identification หลักฐาน làk tăhn
identification card (ID) บัตรประจำตัว bàt Ъrà-jam đoo·a
ill ป่วย Ъòo·ay
included รวมด้วย roo·am dôo·ay
information ข้อมูล kôr moon
insurance การประกัน gahn Ъrà-gan
interpreter ล่าม lâhm
itinerary รายการเดินทาง rai gahn deun tahng

j

jacket เสื้อกันหนาว sêu·a gan nŏw
jeans กางเกงยีน gahng geng yeen
jewellery เครื่องเพชรพลอย krêu·ang pét ploy
journey การเดินทาง gahn deun tahng
jumper (sweater) เสื้อถัก sêu·a tàk

k

key ลูกกุญแจ lôok gun-jaa
kind ใจดี jai dee
kitchen ครัว kroo·a

l

lane ซอย soy
large ใหญ่ yài
last (previous) ที่แล้ว tee láaw
late ช้า cháh
later ทีหลัง tee lăng
launderette โรงซักรีด rohng sák rêet
laundry (clothes) ผ้าซัก pâh sák
leather หนัง năng
left luggage (office) ห้องรับฝากกระเป๋า hôrng ráp fàhk grá-Ъŏw
letter (mail) จดหมาย jòt-măi
lift (elevator) ลิฟต์ líp
linen (material) ผ้าลินิน pâh lí-nin
locked ใส่กุญแจแล้ว sài gun-jaa láa·ou
look for หา hăh
lost หาย hăi
lost property office ที่แจ้งของหาย têe jâang kŏrng hăi
luggage กระเป๋า grà-Ъŏw
luggage lockers ตู้ฝากกระเป๋า đôo fàhk grà-Ъŏw
lunch อาหารกลางวัน ah-hăhn glahng wan

m

mail (postal system) ไปรษณีย์ Ъrai-sà-nee
make-up เครื่องสำอาง krêu·ang săm-ahng
man ผู้ชาย pôo chai
manager ผู้จัดการ pôo jàt gahn
map แผนที่ păan têe
market ตลาด đà-làht
meal มื้ออาหาร méu ah-hăhn
meat เนื้อ néu·a
medicine (medication) ยา yah
metro station สถานีรถไฟใต้ดิน sà-tăh-nee rót fai đâi din
midday เที่ยงวัน têe·ang wan
midnight เที่ยงคืน têe·ang keun
milk น้ำนม nám nom
mineral water น้ำแร่ nám râa
mobile phone โทรศัพท์มือถือ toh-rá-sàp meu tĕu
modem โมเดม moh-dem
money เงิน ngeun

month เดือน deu·an
morning ตอนเช้า đorn chów
mother inf แม่ mâa
mother pol มารดา mahn-dah
motorcycle รถมอเตอร์ไซค์ rót mor-đeu-sai
motorway (tollway) ทางด่วน tahng dòo·an
mountain ภูเขา poo kŏw
museum พิพิธภัณฑ์ pí-pít-tá-pan
music shop ร้านดนตรี ráhn don-đree

n

name ชื่อ chêu
napkin ผ้าเช็ดปาก pâh chét ɓàhk
nappy ผ้าอ้อม pâh ôrm
newsagency ร้านขายหนังสือพิมพ์ ráhn kăi năng-sĕu pim
next (month) หน้า nâh
nice (food only) อร่อย à-ròy
night คืน keun
night out เที่ยวกลางคืน têe·o glahng keun
nightclub ไนต์คลับ nai kláp
no vacancy ไม่มีห้องว่าง mâi mee hôrng wâhng
non-smoking ไม่สูบบุหรี่ mâi sòop bù-rèe
noon เที่ยง têe·ang
north ทิศเหนือ tít nĕu·a
now เดี๋ยวนี้ dĕe·o née
number (figure) หมายเลข măi lêk
number (quantity) จำนวน jam-noo·an
nurse (female) นางพยาบาล nahng pá-yah-bahn
nurse (male) บุรุษพยาบาล bù-rùt pá-yah-bahn

o

oil น้ำมัน nám man
one-way (ticket) เที่ยวเดียว têe·o dee·o
open ⓐ&ⓥ เปิด ɓèut
opening hours เวลาเปิด wair-lah ɓèut
orange (colour) สีส้ม sĕe sôm
out of order เสีย sĕe·a

p

painter ช่างทาสี châhng tah sĕe
painting (a work) ภาพเขียน pâhp kĕe·an
painting (the art) จิตรกรรม jìt-đrà-gam
pants (trousers) กางเกง gahng-geng
pantyhose ถุงน่อง tŭng nôrng
paper กระดาษ grà-dàht
party (night out) งานเลี้ยง ngahn lée·ang
passenger ผู้โดยสาร pôo doy săhn
passport หนังสือเดินทาง năng-sĕu deun tahng
passport number หมายเลขหนังสือเดินทาง măi lêk năng-sĕu deun tahng
path ทาง tahng
pensioner คนกินเงินบำนาญ kon gin ngeun bam-nahn
performance งานแสดง ngahn sà-daang
petrol เบนซิน ben-sin
petrol station ปั๊มน้ำมัน ɓám nám-man
phone book สมุดโทรศัพท์ sà-mùt toh-rá-sàp
phone box ตู้โทรศัพท์ đôo toh-rá-sàp
phone card บัตรโทรศัพท์ bàt toh-rá-sàp
phrasebook คู่มือสนทนา kôo meu sŏn-tá-nah
picnic ปิกนิก ɓìk-ník
pillow หมอน mŏrn
pillowcase ปลอกหมอน ɓlòrk mŏrn
pink สีชมพู sĕe chom-poo
platform ชานชาลา chahn chah-lah

police officer นายตำรวจ nai đam-ròo·at
police station สถานีตำรวจ sà-tăh-nee đam-ròo·at
post code รหัสไปรษณีย์ rá-hàt Ƀrai-sà-nee
pound (money, weight) ปอนด์ Ƀorn
prescription ใบสั่งยา bai sàng yah
present (gift) ของขวัญ kŏrng kwăn
price ราคา rah-kah

q

quick เร็ว re·ou

r

receipt ใบเสร็จ bai sèt
red สีแดง sĕe daang
refund เงินคืน ngeun keun
rent เช่า chôw
repair ซ่อม sôrm
retired ปลดเกษียณ Ƀlòt gà-sĕe·an
return (ticket) ไปกลับ Ƀai glàp
return (come back) กลับ glàp
road ถนน tà-nŏn
rob ขโมย kà-moy
room ห้อง hôrng
room number หมายเลขห้อง măi lêk hôrng
route สาย săi

s

safe ⓝ ตู้เซฟ đôo sép
safe ⓐ ปลอดภัย Ƀlòrt pai
sea ทะเล tá-lair
season หน้า nâh
seat (place) ที่นั่ง têe nâng
seatbelt เข็มขัดนิรภัย kĕm kàt ní-rá-pai
service การบริการ gahn bor-rí-gahn
service charge ค่าบริการ kâh bor-rí-gahn
share (a dorm etc) รวมกันใช้ rôo·am gan chái
share (with) แบ่ง bàang
shirt เสื้อเชิ้ต sêu·a chéut
shoe รองเท้า rorng tów
shop ⓝ ร้าน ráhn
shop ⓥ ซื้อของ séu kŏrng
shopping centre สรรพสินค้า sàp-pá-sĭn-káh
short (height) เตี้ย đêe·a
show ⓝ งานแสดง ngahn sà-daang
show ⓥ แสดง sà-daang
shower ฝักบัว fàk boo·a
sick ป่วย Ƀòo·ay
silver เงิน ngeun
single (person) โสด sòht
single room ห้องเดี่ยว hôrng dèe·o
sister (older) พี่สาว pêe sŏw
sister (younger) น้องสาว nórng sŏw
size (general) ขนาด kà-nàht
skirt กระโปรง grà-Ƀrohng
Skytrain station สถานีรถไฟฟ้า sà-tăh-nee rót fai fáh
sleeping bag ถุงนอน tŭng norn
slide (film) ฟิล์มสไลด์ fim sà-lái
smoke ⓥ ควัน kwan
snack ⓝ อาหารว่าง ah-hăhn wâhng
snow ⓝ หิมะ hì-má
sock(s) ถุงเท้า tŭng tów
son ลูกชาย lôok chai
soon เร็วๆนี้ re·ou re·ou née
south ทิศใต้ tít đâi
spring (season) หน้าใบไม้ผลิ nâh bai mái plì
stairway บันได ban-dai
stamp แสตมป์ sà-đaam
stationer's (shop) ร้านขายอุปกรณ์เขียน ráhn kăi ùp-Ƀà-gorn kĕe·an
stolen ขโมยแล้ว kà-moy láa·ou
street ถนน tà-nŏn
student นักศึกษา nák sèuk-săh
subtitles คำบรรยาย kam ban-yai
suitcase กระเป๋าเดินทาง grà-Ƀŏw deun tahng

ENGLISH *to* THAI

summer หน้าร้อน nâh rórn
supermarket ซูเปอร์มาร์เก็ต soo-beu-mah-gèt
surface mail ไปรษณีย์ทางธรรมดา brai-sà-nee tahng tam-má-dah
surname นามสกุล nahm sà-gun
sweater เสื้อถัก sêu·a tàk
swim ⓥ ว่ายน้ำ wâi nám
swimming pool สระว่ายน้ำ sà wâi nám

t

tall สูง sŏong
taxi stand ที่จอดรถแท็กซี่ têe jòrt rót táak-sêe
ticket ตั๋ว đŏo·a
ticket machine เครื่องขายตั๋ว krêu·ang kăi đŏo·a
ticket office ช่องขายตั๋ว chôrng kăi đŏo·a
time เวลา wair-lah
timetable ตารางเวลา đah-rahng wair-lah
tip (gratuity) เงินทิป ngeun típ
to ถึง tĕung
today วันนี้ wan née
together ด้วยกัน dôo·ay gan
tomorrow พรุ่งนี้ prûng née
tour ⓝ ทัวร์ too·a
tourist office สำนักงานท่องเที่ยว săm-nák ngahn tôrng têe·o
towel ผ้าเช็ดตัว pâh chét đoo·a
train รถไฟ rót fai
train station สถานีรถไฟ sà-thăh-nee rót fai
travel agency บริษัทท่องเที่ยว bor-rí-sàt tôrng têe·o
trip (journey) เที่ยว têe·o
trousers กางเกง gahng-geng
twin beds สองเตียง sŏrng đee·ang

u

underwear กางเกงใน gahng-geng nai

v

vacancy ห้องว่าง hôrng wâhng
vacant ว่าง wâhng
vacation เที่ยวพักผ่อน têe·o pák pòrn
validate ทำให้ถูกต้อง tam hâi tòok đôrng
vegetable ผัก pàk
view ⓝ ทิวทัศน์ tew tát

w

walk เดิน deun
warm อุ่น ùn
wash (general) ล้าง láhng
wash (clothes) ซัก sàk
wash (hair) สระ sà
washing machine เครื่องซักผ้า krêu·ang sák pâh
watch ⓝ นาฬิกา nah-lí-gah
watch ⓥ ดู doo
water น้ำ nám
way ทาง tahng
west ทิศตะวันตก tít đà-wan đòk
what อะไร à-rai
when เมื่อไร mêu·a rai
where ที่ไหน têe năi
which อันไหน an năi
who ใคร krai
why ทำไม tam mai
wide กว้าง gwâhng
wife เมีย mee·a
window หน้าต่าง nâh đàhng
wine เหล้าไวน์ lôw wai
winter หน้าหนาว nâh nŏw
woman ผู้หญิง pôo yĭng
wrong ผิด pìt

y

year ปี bee
yesterday เมื่อวาน mêu·a wahn
youth hostel บ้านเยาวชน bâhn yow-wá-chon

Dictionary

THAI *to* ENGLISH

If you're having trouble understanding Thai, point to the text below. This gives directions on how to look up words in Thai and show you the English translation.

ใช้พจนานุกรมไทย–อังกฤษนี้เพื่อช่วยชาวต่างชาติคนนี้เข้าใจสิ่งที่คุณอยากจะพูดค้นหาศัพท์จากรายการศัพท์ภาษาไทยแล้วชี้ให้เห็นศัพท์ภาษาอังกฤษที่ตรงกับศัพท์นั้น

ก

กระดาษ grà-dàht **paper**
กระป๋อง grà-bŏrng **can • tin**
กระเป๋า grà-bŏw **baggage • luggage**
กระเป๋าเดินทาง grà-bŏw deun tahng **suitcase**
กระโปรง grà-brohng **dress • skirt**
กล้องถ่ายรูป glôrng tài rôop **camera**
กลับ glàp **return (come back)**
กลุ่มเลือด glum lêu·at **blood group**
ก๊อกน้ำ górk nám **tap**
กับแกล้ม gàp glâam **drinking food**
กางเกง gahng-geng **pants • trousers**
กางเกงขาสั้น gahng-geng kăh sân **shorts**
กางเกงใน gahng geng nai **underwear**
กางเกงยีน gahng geng yeen **jeans**
ก๊าซ gáht **gas (for cooking)**
กาแฟ gah-faa **coffee**
การจอง gahn jorng **reservation (booking)**
การช้าเวลา gahn cháh wair-lah **delay**
การเช่ารถ gahn chôw rót **car hire**
การต่อ gahn đòr **connection (transport)**
การถ่ายภาพ gahn tài pâhp **photography**
การทำสะอาด gahn tam sà-àht **cleaning**
การนัด gahn nát **appointment**
การบริการ gahn bor-rí-gahn **service**
การประกัน gahn brà-gan **insurance**
การประชุมgahn brà-chum **conference**
การปรับร่างกายกับเวลาที่แตกต่าง gahn bràp râhng gai gàp wair-lah têe đàak đàhng **jet lag**
การพักร้อน gahn pák rórn **holidays**
การแลกเงิน gahn lâak ngeun **currency exchange**

การสัมภาษณ์ gahn săm-pâht **interview**
การต่อยมวย gahn đòy moo·ay **boxing**
กำหนดความเร็ว gam-nòt kwahm re·ou **speed limit**
ใกล้ glâi **close • near**
ใกล้เคียง glâi kee·ang **nearby**
ใกล้ที่สุด glâi têe-sùt **nearest**
ไกด์ gai **guide (person)**

ข

ขนแกะ kŏn gàa **wool**
ขนมปัง kà-nŏm bang **bread**
ขนาด kà-nàht **size (general)**
ขโมย kà-moy **thief**
ขโมย kà-moy **steal**
ขโมยแล้ว kà-moy láa·ou **stolen**
ขวด kòo·at **bottle**
ขวา kwăh **right (direction)**
ข้อความฝาก kôr kwahm fàhk **message**
ของขวัญ kŏrng kwăn **present (gift)**
ของที่ระลึก kŏrng têe rá-léuk **souvenir**
ข้อต่อ kôr đòr **connection**
ข้อมูล kôr moon **information**
ขอแสดงความยินดี kŏr sà-daang kwahm yin dee **congratulations**
ขาเข้า kăh kôw **arrivals**
ข้างนอก kâhng nôrk **outside**
ข้างใน kâhng nai **inside**
ข้างหลัง kâhng lăng **behind**
ข้างๆ kâhng kâhng **beside**
ข่าว kòw **news**
เข็มขัดนิรภัย kĕm kàt ní-rá-pai **seatbelt**
ไข้ kâi **fever**

ค

คนกินเงินบำนาญ kon gin ngeun bam-nahn **pensioner**
คนกินเจ kon gin jair **vegetarian**
คนครัว kon kroo·a **cook**
ครอบครัว krôrp kroo·a **family**
ควัน kwan **smoke**
คอมพิวเตอร์ korm-pew-đeu **computer**
คอมพิวเตอร์แล็ปท็อป korm-pew-đeu láap-tórp **laptop**
ค่าบริการ kâh bor-rí-gahn **service charge**
ค่าปรับ kâh bràp **fine (penalty)**
ค่าผ่านประตู kâh pàhn brà-đoo **cover charge**
คำบรรยาย kam ban-yai **subtitles**
คำร้องทุกข์ kam rórng túk **complaint**
คืน keun **night**
คู่มือนำเที่ยว kôo meu nam têe·o **guidebook**
คู่มือสนทนา kôo meu sŏn-tá-nah **phrasebook**
เครื่องซักผ้า krêu·ang sák pâh **washing machine**
เครื่องดื่ม krêu·ang dèum **drink**
เครื่องบริการตั๋ว krêu·ang bor-rí-gahn đŏo·a **ticket machine**
เครื่องบิน krêu·ang bin **aeroplane**
เครื่องเพชรพลอย krêu·ang pét ploy **jewellery**
แคเชียร์ kaa-chee·a **cashier**
ใคร krai **who**

ง

งานเต้นรำngahn đên ram **rave • dance party**
งานเลี้ยง ngahn lée·ang **party**
งานแสดง ngahn sà-daang **show**
เงิน ngeun **money •silver**
เงินคืน ngeun keun **refund**
เงินทิปngeun típ **tip (gratuity)**
เงินปลีก ngeun blèek **change (coins)**
เงินมัดจำ ngeun mát jam **deposit**
เงินสด ngeun sòt **cash**

จ

จดหมาย jòt-măi **letter • mail**
จมูก jà-mòok **nose**
จอง jorng **book (make a booking)**
จาน jahn **dish**
จิตรกรรม jìt-đrà-gam **painting (the art)**

ใจกลางเมือง jai glahng meu·ang **city centre**

ช

ชนบท chon-ná-bot **countryside**
ช่องขายตั๋ว chôrng kǎi đǒo·a **ticket office**
ชั้นธุรกิจ chán tú-rá-gìt **business class**
ชั่วโมง chôo·a mohng **hour**
ช้า cháh **late**
ชายแดน chai daan **border**
ชายหาด chai hàht **beach**
ชื่อ chêu **name**
เช็ค chék **cheque • check**
เช็คเดินทาง chék deun tahng **travellers cheque**
เช็คอิน chék in **check-in (desk)**
เช่า chôw **hire • rent**

ซ

ซ่อม sôrm **repair**
ซัก sák **wash (clothes)**
ซื้อของ séu kǒrng **shop**
ซูเปอร์มาร์เก็ต soo-ƀeu-mah-gèt **supermarket**

ด

ดนตรี don-đree **music**
ดนตรีร็อค don-đree rórk **rock (music)**
ด่วน dòo·an **urgent**
ด้วยกัน dôo·ay gan **together**
ดื่ม dèum **drink**
ดื่มน้ำผึ้งพระจันทร์ dèum nám pêung prá jan **honeymoon**
เด็ก dèk **child**
เด็กชาย dèk chai **boy**
เด็กๆ dèk dèk **children**
เดิน deun **walk**
เดินทางธุรกิจ deun tahng tú-rá-gìt **business trip**
เดี๋ยวนี้ děe·o née **now**
เดือน deu·an **month**

ต

ตลาด đà-làht **market**
ตลาดน้ำ đà-làht nám **floating market**
ตอนเช้า đorn chów **morning**
ตอนบ่าย đorn bài **afternoon**
ตั๋ว đǒo·a **ticket**
ต่างชาติ đàhng châht **foreign**
ตารางเวลา đah-rahng wair-lah **timetable**
ตำรวจ đam-ròo·at **police**
ตู้เซฟ đôo sép **safe**
ตู้โทรศัพท์ đôo toh-rá-sàp **phone box**
ตู้นอน đôo norn **sleeping car**
ตู้ฝากกระเป๋า đôo fàhk grà-ƀǒw **luggage lockers**
ตู้รับประทานอาหาร đôo ráp ƀrà-tahn ah-hǎhn **dining car**
ตู้เอทีเอ็ม đôo air tee em **automated teller machine (ATM)**
เตี้ย đêe·a **short (height)**
เตียง đee·ang **bed**
เตียงคู่ đee·ang kôo **double bed**

ถ

ถ่านไฟฉาย tàhn fai chǎi **battery (flashlight)**
ถึง těung **to**
ถุง tǔng **bag**
ถุงนอน tǔng norn **sleeping bag**
ถุงยางอนามัย tǔng yahng à-nah-mai **condom**
แถม tǎam **complementary (free)**

ท

ทองคำ torng kam **gold**
ทะเบียนรถ tá-bee·an rót **car registration**
ทะเล tá-lair **sea**
ทะเลสาบ tá-lair sàhp **lake**
ทั้งสอง táng sǒrng **both**
ทั้งหมด táng mòt **all**
ทันสมัย tan sà-mǎi **modern**

THAI *to* ENGLISH

ทัวร์ too·a **tour • guided tour**
ทาง tahng **path**
ทางด่วน tahng dòo·an **motorway (tollway)**
ทางตรง tahng đrong **direct**
ทางหลวง tahng lŏo·ang **highway**
ทาน tahn **eat (polite)**
ทารก tah-rók **baby**
ทำไม tam mai **why**
ทำสะอาด tam sà-àht **clean**
ทำให้ถูกต้อง tam hâi tòok đôrng **validate**
ทำอาหาร tam ah-hăhn **cook**
ทิวทัศน์ tew tát **view**
ทิศตะวันตก tít đà-wan đòk **west**
ทิศใต้ tít đâi **south**
ทิศเหนือ tít nĕu·a **north**
ที่ têe **at**
ที่ขายขนมปัง têe kăi kà-nŏm bang **bakery**
ที่เขี่ยบุหรี่ têe kèe·a bù-rèe **ashtray**
ที่จอดรถแท็กซี่ têe jòrt rót táak-sêe **taxi stand**
ที่แจ้งของหาย têe jâang kŏrng hăi **lost property office**
ที่ซักผ้า têe sák pâh **laundry (place)**
ที่ทำการไปรษณีย์ têe tam gahn brai-sà-nee **post office**
ที่นั่ง têe nâng **seat (place)**
ที่นี้ têe née **here**
ที่พัก têe pák **accommodation**
ที่รับกระเป๋า têe ráp grà-bŏw **baggage claim**
ทีแล้ว tee láa·ou **last (previous)**
ทีหลัง tee lăng **later**
ที่ไหน têe năi **where**
เที่ยงคืน têe·ang keun **midnight**
เที่ยงวัน têe·ang wan **midday**
เที่ยวกลางคืน têe·o glahng keun **night out**
เที่ยวเดียว têe·o dee·o **one-way (ticket)**
เที่ยวบิน têe·o bin **flight (aeroplane)**
เที่ยวพักผ่อน têe·o pák pòrn **vacation**
โทร toh **telephone**
โทรศัพท์ toh-rá-sàp **telephone**
โทรศัพท์มือถือ toh-rá-sàp meu tĕu **mobile phone**

ธ

ธนาคาร tá-nah-kahn **bank**
ธุรกิจ tú-rá-gìt **business**

น

น้องชาย nórng chai **brother (younger)**
นักศึกษา nák sèuk-săh **student**
น้ำ nám **water**
นางพยาบาล nahng pá-yah-bahn **nurse (female)**
นามสกุล nahm sà-kun **family name • surname**
นาฬิกา nah-lí-gah **watch**
นาฬิกาปลุก nah-lí-gah blùk **alarm clock**
น้ำนม nám nom **milk**
น้ำมัน nám man **oil**
น้ำมันเครื่อง nám man krêu·ang **oil (motor)**
น้ำมันเบนซิน nám-man ben-sin **gas (petrol)**

บ

บน bon **on**
บริษัท bor-rí-sàt **company**
บริษัทท่องเที่ยว bor-rí-sàt tôrng têe·o **travel agency**
บัญชี ban-chee **account**
บัญชีธนาคาร ban-chee tá-nah-kahn **bank account**
บัตรขึ้นเครื่องบิน bàt kêun krêu·ang bin **boarding pass**
บัตรเครดิต bàt crair-dìt **credit card**
บัตรโทรศัพท์ bàt toh-rá-sàp **phone card**
บันได ban-dai **stairway**
บ้านพัก bâhn pák **boarding house**
บ้านเยาวชน bâhn yow-wá-chon **youth hostel**
บิลล์ bin **bill/check (restaurant etc)**
บุรุษพยาบาล bù-rùt pá-yah-bahn **nurse (male)**
บุหรี่ bù-rèe **cigarette**
เบนซิน ben-sin **petrol**

เบรก brèk **brakes**
เบียร์ bee·a **beer**
แบ่ง bàang **share (with)**
โบสถ์ bòht **church**
ใบกรรมสิทธิ์รถยนต์ bai gam-má-sìt rót yon **car owner's title**
ใบขับขี่ bai kàp kèe **drivers licence**
ใบสั่งยา bai sàng yah **prescription**
ใบเสร็จ bai sèt **receipt**

ป

ประตู ɓrà-đoo **gate (airport, etc)**
ปรับอากาศ ɓràp ah-gàht **air-conditioned**
ปราสาท ɓrah-sàht **castle**
ปลอกหมอน ɓlòrk mŏrn **pillowcase**
ป่วย ɓòo·ay **sick • ill**
ปอนด์ ɓorn **pound (money, weight)**
ปัญญาอ่อน ɓan-yah òrn **idiot**
ปั๊มน้ำมัน ɓám nám-man **petrol station**
ป้ายรถเมล์ ɓâi rót mair **bus stop**
ปิกนิก ɓìk-ník **picnic**
ปิดแล้ว ɓìt láa·ou **closed**
ปี ɓee **year**
เป้ ɓâir **backpack**
เปลี่ยนแปลง ɓlèe·an ɓlaang **change (general)**
แปรง ɓraang **brush**
แปรงสีฟัน ɓraang sěe fan **toothbrush**
ไป ɓai **go**
ไปกลับ ɓai glàp **return (ticket)**
ไปข้างนอก ɓai kâhng nôrk **go out**
ไปซื้อของ ɓai séu kŏrng **go shopping**
ไปรษณีย์ ɓrai-sà-nee **mail (postal system)**
ไปรษณีย์ทางธรรมดา ɓrai-sà-nee tahng tam-má-dah **surface mail**
ไปรษณียบัตร ɓrai-sà-nee-yá-bàt **postcard**

ผ

ผม pŏm **hair**
ผลไม้ pŏn-lá-mái **fruit**
ผัก pàk **vegetable**
ผ้าเช็ดตัว pâh chét đoo·a **towel**
ผ้าเช็ดปาก pâh chét ɓàhk **napkin**
ผ้าซัก pâh sák **laundry (clothes)**
ผ้าปูที่นอน pâh ɓoo têe norn **bed linen**
ผ้าลินิน pâh lí-nin **linen (material)**
ผ้าห่ม pâh hòm **blanket**
ผ้าไหม pâh măi **silk**
ผ้าอ้อม pâh ôrm **diaper/nappy**
ผิวเกรียมแดด pĕw gree·am dàat **sunburn**
ผู้จัดการ pôo jàt gahn **manager**
ผู้ชาย pôo chai **man**
ผู้โดยสาร pôo doy săhn **passenger**
ผู้หญิง pôo yĭng **woman**
เผ็ด pèt **hot (spicy)**
แผนที่ păan têe **map**
แผ่นพับโฆษณา pàan páp koh-sà-nah **brochure**

ฝ

ฝน fŏn **rain**
ฝักบัว fàk boo·a **shower**

พ

พจนานุกรม pót-jà-nah-nú-grom **dictionary**
พิกัดน้ำหนักกระเป๋า pí-gàt nám nàk grà-ɓŏw **baggage allowance**
พิพิธภัณฑ์ pí-pít-tá-pan **museum**
พี่ชาย pêe chai **brother (older)**
เพื่อน pêu·an **friend**

ฟ

ฟรี free **free (gratis)**
ฟิล์ม fim **film (for camera)**
ฟิล์มสไลด์ fim sà-lái **slide (film)**
แฟนผู้ชาย faan pôo chai **boyfriend**
แฟนสาว faan sŏw **girlfriend**
แฟลช flâat **flash (camera)**
ไฟ fai **light (electric)**
ไฟฉาย fai chăi **torch (flashlight)**
ไฟแช็ค fai cháak **cigarette lighter**

ภ

ภาพเขียน pâhp kĕe·an **painting (a work)**
ภาษีสนามบิน pah-sĕe sà-năhm bin **airport tax**
ภูเขา poo kŏw **mountain**

ม

มีดพับ mêet páp **penknife**
มื้ออาหาร méu ah-hăhn **meal**
เมา mow **drunk**
เมาคลื่น mow klêun **travel sickness (boat)**
เมาเครื่อง mow krêu·ang **travel sickness (air)**
เมีย mee·a **wife**
เมือง meu·ang **city**
เมื่อไร mêu·a rai **when**
เมื่อวาน mêu·a wahn **yesterday**
เมื่อวานซืน mêu·a wahn seun **day before yesterday**
โมเดม moh-dem **modem**
ไม่มี mâi mee **without**
ไม่มีห้องว่าง mâi mee hôrng wâhng **no vacancy**
ไม่สูบบุหรี่ mâi sòop bù-rèe **non-smoking**

ย

ยกทรง yók song **bra**
ยกเลิก yók lêuk **cancel**
ยา yah **medicine (medication)**
ยืนยัน yeun yan **confirm (a booking)**
ยุ่ง yûng **busy**
เย็น yen **cool • cold**

ร

รถเข็น rót kĕn **wheelchair**
รถเข็นเด็ก rót kĕn dèk **stroller**
รถจักรยาน rót jàk-gà-yahn **bicycle**
รถบัส rót bàt **bus (intercity)**
รถมอเตอร์ไซค์ rót mor-đeu-sai **motorcycle**
รถเมล์ rót mair **bus (city)**
รถยนต์ rót yon **car**
ร่วมกันใช้ rôo·am gan chái **share (a dorm etc)**
รหัสไปรษณีย์ rá-hàt ɓrai-sà-nee **post code**
รองเท้า rorng tów **shoe**
ร้อน rórn **hot**
รับประทาน ráp ɓrà-tahn **eat (very formal)**
ราคา rah-kah **price**
ราคาส่วนลด rah-kah sòo·an lót **discount**
ร้าน ráhn **shop**
ร้านกาแฟ ráhn gah-faa **cafe**
ร้านขายของชำ ráhn kăi kŏrng cham **convenience store**
ร้านขายเนื้อ ráhn kăi néu·a **butcher's shop**
ร้านขายหนังสือพิมพ์ ráhn kăi năng-sĕu pim **newsagency**
ร้านขายอุปกรณ์เขียน ráhn kăi ùp-ɓà-gorn kĕe·an **stationer's (shop)**
ร้านดนตรี ráhn don-đree **music shop**
ร้านเสริมสวย ráhn sĕum sŏo·ay **beauty salon**
ร้านอินเตอร์เนต ráhn in-đeu-nét **Internet cafe**
รายการเดินทาง rai gahn deun tahng **itinerary**
รายวัน rai wan **daily**
รูปหล่อ rôop lòr **handsome**
เรือ reu·a **boat**
เรือข้ามฟาก reu·a kâhm fâhk **ferry**
โรงซักรีด rohng sák rêet **launderette**
โรงพยาบาล rohng pá-yaa-bahn **hospital**
โรงแรม rohng raam **hotel**

ล

ละคร lá-korn **play (theatre)**
ล้าง láhng **wash (something)**
ล่าม lâhm **interpreter**

ลิฟต์ líp **lift (elevator)**
ลูกชาย lôok chai **son**
ลูกสาว lôok sŏw **daughter**
เล็ก lék **small**
เลว le·ou **bad**
วัตถุโบราณ wát-tù boh-rahn **antique**
วัน wan **day**
วันเกิด wan gèut **birthday**
วันที่ wan têe **date (day)**
วันที่เกิด wan têe gèut **date of birth**
วันนี้ wan née **today**
วันมะรืน wan má-reun **day after tomorrow**
ว่าง wâhng **free (available) • vacant**
ว่ายน้ำ wâi nám **swim**
เวลาเปิด wair-lah bèut **opening hours**
แว่นตา wâan đah **glasses (spectacles)**

ศ

ศุลกากร sŭn-lá-gah-gorn **customs**

ส

สกปรก sòk-gà-bròk **dirty**
สถานีขนส่ง sà-thăh-nee kŏn sòng **bus station**
สถานีตำรวจ sà-tăh-nee đam-ròo·at **police station**
สถานีรถไฟ sà-tăh-nee rót fai **train station**
สถานีรถไฟฟ้า sà-tăh-nee rót fai fáh **metro station**
สนามบิน sà-năhm bin **airport**
สบาย sà-bai **comfortable**
สมุดโทรศัพท์ sà-mùt toh-rá-sàp **phone book**
สรรพสินค้า sàp-pá-sĭn-káh **department store**
สรรพสินค้า sàp-pá-sĭn-káh **shopping centre**
สระว่ายน้ำ sà wâi nám **swimming pool**
สวน sŏo·an **garden**
สวย sŏo·ay **beautiful**
สองเตียง sŏrng đee·ang **twin beds**
สะอาด sà-àht **clean**
สำนักงานท่องเที่ยว săm-nák ngahn tôrng têe·o **tourist office**
สีขาว sĕe kŏw **white**
สีเขียว sĕe kĕe·o **green**
สีชมพู sĕe chom-poo **pink**
สีดำ sĕe dam **black**
สีแดง sĕe daang **red**
สีน้ำเงิน sĕe nám ngeun **blue (dark)**
สีน้ำตาล sĕe nám đahn **brown**
สีฟ้า sĕe fáh **blue (light)**
สีส้ม sĕe sôm **orange (colour)**
สีเหลือง sĕe lĕu·ang **yellow**
สุข sùk **happy**
สุขภาพ sù-kà-pâhp **health**
สุขาสาธารณะ sù-kăh săh-tah-rá-ná **public toilet**
เสีย sĕe·a **out of order**
เสื้อกันหนาว sêu·a gan nŏw **jacket**
เสื้อคลุม sêu·a klum **coat**
เสื้อเชิ้ต sêu·a chéut **shirt**
เสื้อถัก sêu·a tàk **jumper • sweater**
เสื้อผ้า sêu·a pâh **clothing**
แสตมป์ sà-đáam **stamp**
โสด sòht **single (person)**
ใส่กุญแจแล้ว sài gun-jaa láa·ou **locked**

ห

หนัก nàk **heavy**
หนัง năng **leather**
หนังสือ năng-sĕu **book**
หนังสือเดินทาง năng-sĕu deun tahng **passport**
หนังสือพิมพ์ năng-sĕu pim **newspaper**
หน้า nâh **next (month)**
หน้า nâh **season**
หน้าต่าง nâh đàhng **window**
หน้าใบไม้ผลิ nâh bai mái plì **spring (season)**
หน้าร้อน nâh rórn **summer**
หนาว nŏw **cold (sensation)**
หน้าหนาว nâh nŏw **winter**
หมอ mŏr **doctor**
หมอน mŏrn **pillow**
หมา măh **dog**

หมายเลขหนังสือเดินทาง măi lêk năng-sĕu deun tahng **passport number**
หมายเลขห้อง măi lêk hôrng **room number**
หลัง lăng **back (body)**
ห้อง hôrng **room**
ห้องเก็บเสื้อ hôrng gèp sêu·a **cloakroom**
ห้องคู่ hôrng kôo **double room**
ห้องเดี่ยว hôrng dèe·o **single room**
ห้องพักรอ hôrng pák ror **waiting room**
ห้องพักสำหรับคนเดินทางผ่าน hôrng pák săm-ràp kon deun tahng pàhn **transit lounge**
ห้องรับฝากกระเป๋า hôrng ráp fàhk grá-bŏw **left luggage (office)**
ห้องว่าง hôrng wâhng **vacancy**
ห้องแสดงภาพ hôrng sà-daang pâhp **art gallery**
หักแล้ว hàk láa·ou **broken**
หัตถกรรม hàt-tà-gam **crafts**
หาย hăi **lost**
หิวน้ำ hĕw nám **thirsty (to be)**
เหรียญ rĕe·an **coins**
เหล้า lôw **alcohol**
เหล้าไวน์ lôw wai **wine**
แห้ง hâang **dry**
ใหญ่ yài **big**
ใหญ่กว่า yài gwàh **bigger**
ใหม่ mài **new**

อ

อย่างช้า yàhng cháh **slowly**
อร่อย à-ròy **tasty**
ออกเดินทาง òrk deun tahng **depart (leave)**
อ่างน้ำ àhng nám **bath**
อาทิตย์ ah-tít **week**
อาหารกลางวัน ah-hăhn glahng wan **lunch**
อาหารมื้อเย็น ah-hăhn méu yen **dinner**
อาหารว่าง ah-hăhn wâhng **snack**
อินเตอร์เนต in-đeu-nét **Internet**
อุณหภูมิ un-hà-poom **temperature (weather)**
อุ่น ùn **warm**
อุบัติเหตุ ù-bàt-đì-hèt **accident**
ไอ ai **cough**

Acknowledgments
Associate Product Director Angela Tinson
Product Editor Sandie Kestell
Language Writer Bruce Evans, Joe Cummings
Cover Designer Campbell McKenzie
Cover Researcher Wibowo Rusli

Thanks
Kate Chapman, Gwen Cotter, James Hardy, Kate Kiely, Indra Kilfoyle, Juan Winata

Published by Lonely Planet Global Ltd
CRN 554153

1st Edition – Jun 2018
Text © Lonely Planet 2018
Cover Image A túk-túk parked in Bangkok's Chinatown, Elena Ermakova/Shutterstock©

Printed in China 10 9 8 7 6 5 4 3 2 1

Contact lonelyplanet.com/contact

Paper in this book is certified against the Forest Stewardship Council™ standards. FSC™ promotes environmentally responsible, socially beneficial and economically viable management of the world's forests.

MIX
Paper from responsible sources
FSC™ C021741
www.fsc.org

Index

A

accommodation 34-9
addresses 25
addressing people 46
age 16-17
airports 26-7
alcohol 45-6
allergies 44, 74
art galleries 56-7

B

banking 67-8
bargaining 6, 31, 61
bars 46
beer 45
behaviour 16
body language 32
booking
  accommodation 35-6
  transport 28
books 62-3
breakfast 36-7, 40
bus travel 29-31

C

calendar 22
camping 34
car travel 33
cell phones 68-9
checking in (accommodation) 35-6
checking out (accommodation) 38-9
chemists 73
clothes 62

complaints (accommodation) 37-8
costs
  accommodation 35-6
  food 47
  shopping 61-2
  sightseeing 56
countries 15
cycling 33

D

dates (calendar) 22-3
days of the week 21
dictionaries
  English–Thai 75
  Thai–English 83
dietary restrictions 44
dining out 41-4
directions 24-5
drinks
  alcoholic 45-6
  non-alcoholic 45
DVDs 63

E

eating out 41-4
email 70
emergencies 70-1
emotions 19
entertainment 64-6
essentials phrases 9, 12

F

family 14
feelings 19

food 40-53
   local cuisine 48-53

G
galleries 56-7
grammar 4-5
greetings 13, 16
grocery shopping 47

H
health 73-4
hobbies 18
hotels 36

I
interests 18
internet 69-70
introductions 14-15

J
jobs 17

L
language difficulties 12-13
local expressions 7
luggage 29

M
marital status 16
meals 40-1
medical conditions 74
medications 74
meeting people 66
mobile phones 68-9
money 67-8, *see also* costs
months 22
motorbike travel 33

museums 56-7
music 63

N
nationalities 15-16
numbers 19-20

O
occupations 17
ordering (restaurants) 43-4

P
paying
   accommodation 36
   restaurants 43-4
   shops 61-2
police 72
professions 17
pronunciation (of Thai) 4, 10-11

Q
questions
   accommodation 36-7
   sightseeing 55

R
refunds 60
requests
   accommodation 36-7
   sightseeing 55
reservations
   accommodation 35-6
   restaurants 42
restaurants 41-4

S
samlors 31

shoes 62
shopping 59-63
sightseeing 54-8
sizes 62
souvenirs 60
studies 18

T

taxis 31-32
telephone services 68-9
Thai people 66
tickets (transport) 28
time 20-1
titles 13

tours 57-8
train travel 29-31
transport 26-33
túk-túks 31

V

vegetarian food 44

W

weather 23-4
wifi 70
wine 46
work 17

10. Phrases to Get You Talking

Hello.	สวัสดี. sà-wàt-dee
Goodbye.	ลาก่อน lah gòrn
Please.	ขอ kŏr
Thank you.	ขอบคุณ kòrp kun
Excuse me.	ขอโทษ kŏr tôht
Sorry.	ขอโทษ kŏr tôht
Yes.	ใช่ châi
No.	ไม่ mâi
I don't understand.	ผม/ดิฉันไม่เข้าใจ pŏm/dì-chăn mâi kôw jai
How much is it?	ราคาเท่าไร rah-kah tôw rai